LE
CENTENAIRE,

Roman

HISTORIQUE ET DRAMATIQUE

EN SIX ÉPOQUES :

L'ANCIEN RÉGIME.   L'EMPIRE.
LA RÉVOLUTION.   LA RESTAURATION.
LA RÉPUBLIQUE.   LA GRANDE SEMAINE.

Par E. Jouy,
DE L'ACADÉMIE FRANÇAISE.

DÉDIÉ A M. JACQUES LAFFITTE.

TOME PREMIER.

Paris,

SILVESTRE, LIBR.-ÉDIT., || BAUDOUIN, ÉDITEUR,
rue Tirou, n. 8.   rue et Hôtel Mignon, n. 2.

1833.

LE

CENTENAIRE.

IMPRIMERIE DE Mme Ve POUSSIN,
rue et hôtel Mignon, n° 2.

LE
CENTENAIRE,

Roman

HISTORIQUE ET DRAMATIQUE

EN SIX ÉPOQUES :

L'ANCIEN RÉGIME.   L'EMPIRE.
LA RÉVOLUTION.   LA RESTAURATION.
LA RÉPUBLIQUE.   LA GRANDE SEMAINE.

Par E. Jouy,

DE L'ACADÉMIE FRANÇAISE.

DEDIÉ A M. JACQUES LAFFITTE.

TOME PREMIER.

Paris,

SILVESTRE, LIBR. ÉDIT., | BAUDOUIN, ÉDITEUR,
rue Tiron, n. 8. | rue et Hôtel Mignon, n. 2.

1833.

RESPECTUEUSEMENT

Dédié

A L'HONORABLE

M. J. Laffitte,

DÉPUTÉ

DU DÉPARTEMENT DE LA SEINE.

Ce 15 février 1833.

E. Jouy

QUELQUES OBSERVATIONS

PRÉLIMINAIRES.

QUELQUES
OBSERVATIONS

PRÉLIMINAIRES.

Avant la révolution, la nation française se composait d'une cour, d'un clergé et d'une noblesse : le tiers-état n'était compté pour quelque chose que lorsqu'il s'agissait de guerre et d'impôts. L'histoire de cette nation féodale se retrouve toute entière dans les mémoires de Joinville et de Brantôme; dans les satires de Rabelais et de Réguier, dans les contes vraiment *historiques* de la reine de Navarre. C'est là qu'on peut voir par quel genre de corruption, par quelles concessions honteuses, les prêtres se rendaient maîtres du monarque; par quels excès d'avilissement, par quelles intrigues la noblesse de la cour était enfin parvenue à partager avec le clergé le pouvoir suprême, en se réservant le honteux privilége de fournir des maîtresses aux rois. N'avons-nous pas vu, de nos jours encore, de nobles plumes se complaire à perpétuer le souvenir de ces augustes turpitudes, en faisant de ces courtisanes blasonnées les héroïnes de ce qu'on a si ridiculement appelé des romans historiques.

J'ai entendu quelques publicistes des petits appartemens mettre au nombre des causes qui ont amené la révolution, les deux derniers choix qu'avait fait Louis XV, de femmes sans noms, pour succéder, dans la couche royale, aux dames de grande maison, à qui ces honneurs adultères avaient été jusque là réservés.

Sans attacher à cette observation

plus d'importance qu'elle n'en mérite, c'est cependant au règne de la dernière favorite de Louis XV que commence l'action de mon roman dramatique.

Il a paru dans ces dernières années plusieurs ouvrages que leurs auteurs ont intitulés *Scènes historiques*, dont le président Hainault avait laissé dans son drame historique de François II, un premier modèle.

L'ouvrage que je publie n'appartient point à ce genre de composition que l'auteur *des Etats de*

Blois et celui *de la Réforme en* 1560 ont déjà perfectionné.

Le roman dramatique que je publie n'appartient à l'histoire que par la peinture de nos mœurs aux différentes phases de la révolution.

Avant d'avoir conçu le plan de mon ouvrage tel que je l'ai exécuté, quelques-unes des scènes et des situations qui s'y trouvent, devaient trouver place dans un drame régulier que je destinais à la représentation ; mais l'invasion de la muse étrangère ayant amené le bouleversement du théâtre national, j'ai senti la nécessité d'abandonner l'arène où se précipitaient tant de jeunes concurrens assemblés, ou plutôt ameutés sous la bannière romantique de Shakespeare, de Schiller et du moyen âge.

Qu'on me permette quelques réflexions sans amertume, sur cet esprit d'imitation qui caractérise aujourd'hui parmi nous l'art dramatique, et qui se donne hardiment lui-même pour le génie de l'invention. Jusqu'ici on avait cru remarquer que la nation, avare d'hommes de génie, les avait clairsemés dans le temps et dans l'espace, et qu'il était rare que le même siècle et le même pays en produisissent plus d'un à la fois; mais voilà tout à coup qu'une nuée d'enfans de génie s'abat sur notre heureuse France, et sous le nom toujours funeste de restauration, nous annonce une régénération complète de l'art dramatique.

Une première erreur de cette génération spontanée de génies imberbes a été de se méprendre sur la nature de ses facultés intellectuelles, et d'appeler esprit d'invention une sorte de verve d'images, de rapprochemens inattendus, d'expressions aventurées qui donnent parfois à des situations, à des pensées communes, un faux air d'originalité.

On conçoit que les premiers essais des jeunes réformateurs de notre théâtre aient eu pour objet d'en écarter les disciples contemporains des grands maîtres, qui pouvaient leur faire obstacle; mais ce qu'on a plus de peine à comprendre, c'est qu'ils se soient proclamés eux-mêmes les successeurs immédiats de ces puissans génies dont les travaux, dans les deux derniers siècles, ont élevé la France au plus haut point de gloire littéraire qu'aucune nation ait jamais atteint.

J'ignore quel jugement la postérité portera sur ce qu'on est convenu d'appeler la litérature de l'empire; je suis pourtant disposé à croire que les noms de Bernardin-de-Saint-Pierre, de Chénier, de Le Brun, de Ducis, de Parny, trouveront grâce à ses yeux.

Pour ne parler ici que de littérature dramatique, je suis prêt à convenir que dans cette foule de jeunes auteurs qui ont fait irruption sur la scène, on en peut citer plus d'un à qui il ne manque qu'un peu de raison et de philosophie pour se faire un nom que la postérité retienne; je crains seulement que le système dramatique qu'ils ont adopté n'arrête leur vol à leur premier essor.

Je ne parlerai pas de leur dédain superbe pour les règles : je reconnais au génie le droit de se frayer des routes nouvelles, et puisqu'ils ont foi au leur, je ne dois pas leur reprocher d'en revendiquer le privilége.

Le génie peut se passer des règles, soit; mais ce dont le génie lui-même a besoin, c'est d'observation, de vérité, d'intérêt, et surtout de style : ce que le génie doit éviter, c'est de demander à l'esprit ou à la mémoire ces inspirations communicatives qu'on ne peut obtenir que des plus intimes émotions du cœur : ce que le génie repousse avec dégoût, c'est la peinture des mœurs obscènes, ce sont les tableaux d'autant plus hideux qu'ils sont plus vrais, d'une nature dégradée, ce que le génie n'admettra jamais, c'est l'alliance du sublime et du burlesque, c'est la corruption du langage qui transforme en argot maçonique la langue de Racine et de Molière.

Il serait injuste cependant de ne point reconnaître la part que le public a prise à cette dégradation de l'art théâtral. Aux premiers pas que nos jeunes auteurs ont fait dans la carrière, ils ont pu s'apercevoir qu'ils appartenaient à une époque où toute espèce d'agitation, de quelque nature qu'elle fût, prenait le nom de mouvement progressif, et qu'il n'y avait au théâtre, comme à la tribune, de succès à obtenir qu'en s'adressant aux intérêts matériels d'un parti, ou du moins aux préjugés d'une coterie puissante avec laquelle il fallait se maintenir sans cesse en communauté de haine, d'affection ou de répugnance ; d'où il résulte que nos jeunes auteurs sont moins coupables qu'on ne le croit, et qu'ils ne le croient eux-mêmes, de cette dépravation du goût, de cette corruption des mœurs dont la scène française est devenue l'école.

On l'a dit avec raison, la littérature dramatique est l'expression la plus vraie de la société de l'époque. On se pressait jadis aux représentations théâtrales pour y goûter les plaisirs les plus délicats de l'esprit et du cœur; la scène alors satisfaisait à ces besoins d'un monde efféminé, mais élégant et poli. Maintenant, que va-t-on chercher au théâtre? Les angoisses de la mort, les émotions de la Grève, la peinture exagérée des passions les plus criminelles. Quand les convives donnent eux-mêmes le menu du festin auquel ils sont invités, doivent-ils s'étonner d'être servis comme ils ont voulu l'être?

Cette courte digression, qui ne m'a point éloigné de mon sujet, me conduit à examiner en peu de mots à quel genre appartient le *Centenaire*; je crois l'avoir suffisamment indiqué par son titre.

J'ai voulu réunir dans un cadre dramatique les divers tableaux de mœurs qui se sont succédés dans le cours des six grandes époques dont se compose la révolution française.

Au milieu de la foule d'épisodes qu'amène, en moins d'un siècle, une succession d'événemens où vient se résumer, pour ainsi dire, l'histoire morale d'un grand peuple, j'ai cherché à conserver une sorte d'unité d'action dans les développemens d'un caractère principal qui lie entre elles toutes les parties de ce vaste drame.

Je terminerai par une déclaration que je crois importante. *Le Centenaire* est un roman qui n'a *d'historique* que les événemens et les caractères : les principaux personnages sont purement d'invention. Je ne me suis écarté de cette règle qu'à l'égard de deux augustes personnages dont la présence, indispensable à la marche de l'action, ne pouvait être suppléée.

J'ai voulu présenter une suite de tableaux; je n'ai point prétendu exposer une galerie de portraits; ainsi donc, je proteste d'avance contre toute application directe et personnelle que l'on serait tenté de faire du blâme ou même de l'éloge que je distribue dans mon drame, à l'appui des caractères que j'y fais figurer.

Quelques amis, à qui j'avais communiqué cet ouvrage commencé en 1829 (1), ont pensé que j'aurais pu conserver, du moins, le nom propre des personnages épisodiques, sur le compte desquels il était impossible que l'on se méprît, puisque je citais souvent leurs propres paroles : indépendamment des convenances sociales qui me prescrivaient

(1) Je fixe ici la date comme réponse à l'observation qui pourrait m'être faite, qu'une ou deux scènes de ma *première époque* avaient, quant au fond, quelque analogie avec une comédie-vaudeville donnée l'année dernière. (NOTE DE L'AUTEUR.)

une grande réserve à l'égard des individus, dont quelques-uns vivent encore, il m'a semblé que le titre de roman dramatique, que je donne à mon livre, m'oblige en quelque sorte de laisser à mes acteurs des noms de comédie.

J'ajouterai, qu'en restant fidèle, autant qu'il m'a été possible, aux caractères et aux événemens, je n'ai pas prétendu m'astreindre à présenter les uns et les autres dans un ordre tellement chronologique qu'il ne me fût pas permis de déplacer quelque date, de changer quelques détails, de supposer au besoin, tel ou tel personnage plus jeune ou plus vieux qu'il ne l'était à l'époque où se passait l'événement que je retrace; c'est ainsi qu'en faisant parler Voltaire sous le nom de Volsange, dans une scène qui n'a pu se passer que vers 1768 (époque où Voltaire avait 67 ans), je lui fais tenir des discours dont les traits bien connus appartiennent nécessairement à sa première jeunesse.

Je ne sais quel accueil le public réserve à cet essai d'un genre nouveau ; je dois craindre qu'on y remarque ces rides de l'âge, que le temps, disait Montaigne, n'épargne pas plus à l'esprit qu'à la figure; mais il est un éloge que je réclame en faveur de mon livre, et qu'on ne me refusera pas, j'ose le croire, c'est celui des sentimens qui l'ont dicté; d'un amour ardent pour la liberté, la gloire et le bonheur de mon pays; de mon admiration pour les grands hommes qui l'ont illustré; de mon mépris pour les préjugés du peuple; de ma haine pour les vices des grands; mais surtout de ma profonde horreur pour tous les genres d'hypocrisie dont se masque en tout lieu la religion, l'ambition et la politique, pour tromper et asservir le genre humain.

PREMIERE ÉPOQUE.

L'ANCIEN RÉGIME.

PERSONNAGES

DE LA PREMIERE ÉPOQUE.

DANS LA SCÈNE PREMIÈRE.

Le vicomte d'OLBREUSE.
Le prince de RICHEMONT.
Le duc de VERSAC, fils du prince de Richemont.
Le marquis de PRESSADES.
Le chevalier de GRANGEVAL.
Le commandeur de SOMBREVAL.
Le comte de CHARNENCEY.
Le conseiller BOUCHENCOUR.
Courtisans.

DANS LA SCÈNE DEUXIÈME.

MADAME, sur-intendante du Parc-aux-Cerfs.
M. de CERVIERE, commandant militaire de la maison.
La mère BOMPART.
Mademoiselle ARSÈNE DE SOLANGE.
Jeunes filles du parc-aux-cerfs.

SCÈNE TREIZIÈME.

VOLSANGE.
L'abbé PORQUET.

SCÈNE QUATORZIÈME.

GILBERT.
JULIENNE.

SCÈNE VINGT ET UNIÈME.

VALMORE, le chansonnier.

PREMIERE ÉPOQUE.

L'ANCIEN RÉGIME.

SCÈNE PREMIÈRE.

L'OEIL-DE-BOEUF.

(Le théâtre représente l'OEil-de-Bœuf, au château de Versailles.)

LE DUC DE VERSAC, LE MARQUIS DE PRESSADES, LE COMMANDEUR DE SOMBREVAL, LE COMTE DE CHARNENCEY, LE CHEVALIER DE GRANGEVAL, LE CONSEILLER BOUCHENCOUR, courtisans. (Les uns se promènent en traînant les pieds, d'autres s'entretiennent par groupe dans l'embrasure des croisées.)

LE DUC, *rencontrant le marquis.*

Comment! c'est toi, marquis ?

LE MARQUIS.

Moi-même, mon cher duc.

LE DUC.

Je te croyais parti.

LE MARQUIS.

Si bien parti que me voilà de retour.

LE DUC.

De Blois! en moins de trente heures?

LE MARQUIS.

Ajoutez que je me suis arrêté à Paris le temps nécessaire pour changer d'habit, et que j'arrive pour me trouver au lever, comme nous en étions convenus.

LE DUC.

Je t'embrasserais de bon cœur si nous étions seuls.

LE MARQUIS.

Que ferez-vous donc quand je vous aurai rendu compte de mon ambassade?

LE DUC.

Parle vite avant que l'on ouvre.

LE MARQUIS.

En ma qualité de parent de l'abbesse, j'ai vu au parloir l'adorable nonette, et j'ai tiré d'elle l'aveu qu'elle conservait de vous le plus tendre souvenir. Elle est au désespoir d'avoir pris le voile; je lui ai prouvé que vous étiez plus malheureux qu'elle, et que vous étiez décidé à ne point survivre à sa perte.

LE DUC.

Très-bien, c'est toujours bon à dire.

LE MARQUIS.

J'ai parlé d'enlèvement; la pauvre petite n'a été frappée que des obstacles : j'en ai fait mon affaire, et il a été convenu, *séance tenante*, qu'elle se trouverait jeudi, au premier coup de matines, à l'endroit du couvent que je lui ai bien exactement indiqué. Cela dit, elle a passé sa jolie petite main à travers la grille; je l'ai baisée bien respectueusement, et je l'ai épousée par procuration en lui mettant au doigt l'anneau dont j'étais porteur.

LE DUC.

Ton plan est tracé de main de maître; mais l'exécution?

LE MARQUIS.

Impossible, en apparence. J'ai fait le tour de la place : des murs de vingt-cinq pieds de haut; des grilles à toutes les fenêtres. Le diable lui-même, à moins de se déguiser encore une fois en serpent, ne parviendrait pas à s'introduire dans ce moutier.

LE DUC.

Comment ferons-nous donc?

LE MARQUIS.

Nous ferons l'impossible.... Mais ce n'est pas le moment d'entrer en explication; qu'il vous suffise de savoir que j'ai laissé là-bas mon valet de chambre avec des instructions pour les préparatifs indispensables au succès de notre entreprise; que des chevaux de poste nous attendront cette nuit, vers deux heures, à la porte du jardin de votre petite maison du faubourg.

LE DUC.

Mais j'y donne ce soir à souper...

LE MARQUIS.

Qu'à cela ne tienne, au besoin nous en prouverons plus facilement l'alibi.

LE DUC.

Chut! le commandeur de Sombreval vient à nous.

LE MARQUIS.

Quel homme est-ce!

LE DUC.

Il s'est fait une réputation d'esprit chez le chancelier.

LE MARQUIS.

Dans ce cas, il est encore temps de demander si c'est un sot.

LE DUC.

Attends donc, je me souviens, c'est l'oncle de notre belle récluse.

LE MARQUIS.

Il ne se doute pas que nous traitons une affaire du famille.

LE COMMANDEUR, *qui causait dans l'embrâsure d'une croisée avec le comte de Charnencey, s'approche.*

Pendant que vous êtes là bien tranquillement à conspirer la perte de quelque innocente ou l'enrôlement de quelque mari, Charnencey nous en apprend de belles : il ne nous restait qu'un pied-à-terre sur le continent de l'Amérique, notre généreux cabinet vient de s'en défaire en faveur des Anglais.

LE COMTE, *qui s'est approché.*

Il est vrai que par compensation, il ne nous restera bientôt plus un pouce de colonie de l'autre côté du Cap de Bonne-Espérance.

LE DUC.

Qu'importe, ne sommes-nous pas en paix?

LE COMTE.

Quelle paix, bon Dieu!... Messieurs, c'est moi qui vous le dit, nous courons à notre ruine.

LE MARQUIS.

Pour moi, j'en ai pris mon parti; et comme disait le maître il y a quelques jours, ce serait bien le diable si la monarchie ne durait pas autant que nous.

LE COMTE.

Je ne le parierais pas. (*D'un ton ironique en s'adressant à Bouchencour qui s'est approché.*) Qu'en dit son excellence?

LE CONSEILLER.

Je dis qu'il est question d'une ordonnance bien autrement funeste... d'une réforme dans le grand commun (*horresco referens!*) On parle de supprimer soixante officiers de la bouche, et vingt-deux du gobelet.

LE DUC.

Décidément le comte a raison, c'en est fait de la monarchie.

LE COMTE, *au duc en lui présentant Grangeval.*

C'est le chevalier de Grangeval, mon petit cousin; je le présente aujourd'hui.

LE DUC.

Déjà!... Il n'a pas quinze ans! c'est se mettre de bonne heure en route.

LE COMTE.

Aussi veut-il aller loin... N'est-il pas vrai, chevalier?

LE CHEVALIER.

Je l'espère, mon cousin.

LE PRINCE DE RICHEMONT, *traversant la foule des courtisans qui s'ouvre devant lui.*

Bonjour, messieurs. (*Au duc de Versac*

son fils.) Vous n'oublierez pas, monsieur, que vous dînez aujourd'hui chez moi. (*Versac s'incline.*) Ces messieurs savent qu'ils sont aussi des nôtres.

(*Le prince gratte à la porte de l'appartement, on ouvre et il entre seul.*)

LE COMTE.

Ah ça, duc de Versac, ce dîner ne change rien à notre pari ?

LE DUC.

Rien.

LE COMTE.

Nous soupons dans votre petite maison ?

LE DUC.

Oui, sans doute.

LE COMTE.

Avec la jolie petite comtesse ? Je n'admets point de remplaçante, je vous en préviens.

LE DUC.

Aucune; les conditions de notre pari sont formelles.

LE COMTE.

Je vous amènerai le chevalier.

LE DUC.

Pourquoi pas? le jour de sa présentation ne saurait être plus dignement célébré; mais point de gouverneur.

L'ABBÉ PORQUET.

Je déclare à monsieur le duc que mon élève ne marche jamais sans moi.

LE CHEVALIER.

L'abbé ne gâtera rien, je vous jure; il n'est pas du tout embarrassant.

LE DUC.

Vous savez que c'est un dîner d'adieu que le prince nous donne?

LE COMMANDEUR.

Où va-t-il donc?

LE DUC.

Ce n'est pas lui qui part; c'est son ami le philosophe d'Olbreuse.

LE COMTE.

Est-ce la jalousie du prince ou les rigueurs de la princesse votre belle-mère, qui forcent son adorateur à déserter la cour?

LE DUC.

Non, c'est sa vertu : la présentation de la nouvelle favorite a révolté cette âme honnête et candide, et l'enlèvement de sa petite nièce vient de lui porter le dernier coup. On dit, vous ne me trahirez pas, que la petite Solange a été enlevée à sa famille, et l'on soupçonne avec beaucoup de vraisemblance...

LE MARQUIS.

Que diable cela lui fait-il, à cet ours? A-t-il en garde toutes les vertus de sa famille? Au fait, cela ne lui donnerait pas grande occupation.

LE COMTE.

Ne remarquez-vous pas, messieurs, que le lever commence aujourd'hui bien tard?

LE COMMANDEUR.

Le roi se sera recouché en revenant de la chasse.

LE MARQUIS.

Très-cher commandeur, vous n'êtes pas au courant. Sa Majesté, en descendant de voiture pour monter à cheval à l'entrée du bois de Verrière, a, par hasard, rencontré sur son chemin une jeune fille dont la gentillesse a frappé ses regards. Le roi a daigné lui adresser la parole avec cette grâce inimitable qui le caractérise, et à la suite de cet entretien, qui n'a eu d'autre témoin que la mère de cette beauté matinale, Sa Majesté est remontée en voiture et est rentrée au château par la grille de l'Orangerie.

LE COMMANDEUR.

Mauvaise affaire pour la comtesse du Barry.

LE MARQUIS.

Autre erreur! ne voyez-vous pas qu'il s'agit de quelque jolie gazelle dont la comtesse elle-même a voulu enrichir le Parc-aux-Cerfs.

LE COMTE.

Oh! cette dame ne ressemble pas à notre ministère; elle conserve les établissemens de son habile prédécesseur.

LE CHEVALIER, *au comte*.

Monsieur, croyez-vous que nous aurons bientôt la paix?

LE COMTE.

Ma foi, mon petit cousin, j'en ai peur; mais que t'importe? tu n'es pas encore d'âge à entrer au service.

LE CHEVALIER.

Monsieur le comte, on est d'âge à venger son pays dès qu'on peut tenir une épée.

LE COMTE.

Eh bien ! sois tranquille, Grangeval, les occasions de guerroyer ne te manqueront pas ; mais à qui donc en veux-tu ?

LE CHEVALIER.

Aux Anglais, qui en veulent à tout le monde.

LE COMTE.

Ne parle pas si haut, voici l'ambassadeur d'Angleterre.

LE DUC.

Avec qui donc est-il ?

LE MARQUIS.

Vous ne reconnaissez pas le comte de Sowaloff, que votre père appelait si plaisament le Pompadour de la Russie ?

LE COMMANDEUR.

On a ouvert, messieurs, nous pouvons entrer.

SCÈNE II.

LE PARC-AUX-CERFS.

La scène change : le théâtre représente le grand parloir du Parc-aux-Cerfs ; il est orné de portraits de jeunes filles, au milieu desquels on distingue celui de madame de Pompadour, fondatrice de cet établissement.

MADAME, LE COMMANDANT DE CERVIÈRE.

MADAME.

Monsieur de Cervière, je vois avec plaisir que vous êtes ponctuel.

LE COMMANDANT.

Madame, on n'a pas blanchi pour rien sous le harnais (*montrant sa boutonnière*), et cette récompense de trente-cinq ans de service...

MADAME.

Vous méritiez sans doute une retraite honorable : commandant militaire de l'hôtel du Parc-aux-Cerfs! Savez-vous bien que les plus grands seigneurs ont brigué le poste que vous venez d'obtenir?

LE COMMANDANT.

J'en connais tous les honneurs, madame; mais je ne suis pas encore parfaitement au fait des fonctions que j'ai à remplir.

MADAME.

Elles se bornent à surveiller les abords d'une place, dont la garnison en jupe pourrait entretenir des intelligences au-dehors.

LE COMMANDANT.

Reposez-vous sur moi du soin d'écarter l'ennemi : ma femme m'a fait faire un apprentissage de surveillance que je saurai employer au service de Sa Majesté.

MADAME.

Comment, vous êtes marié? Le Bel (1) ne m'avait pas dit cela. Je vous préviens que je vais en écrire au ministre : je ne veux pas de femmes étrangères dans cette maison.

LE COMMANDANT.

Ne craignez rien ; je suis marié il est vrai ; mais je ne suis plus en puissance de femme : vous ne savez donc pas mon histoire?.. Elle est singulière, mon histoire... J'ai épousé, il y a six ans, une très-jolie petite personne que protégeait feu madame la marquise (*il ôte son chapeau en regardant le portrait de madame de Pompadour*); on me l'a enlevée cinq mois après mon mariage, une nuit que j'étais de garde au cabinet ; je connaissais le coupable : c'était un capitaine des Levrètes.

MADAME.

Le chevalier de la Londe ; très-beau garçon vraiment !

(1) Valet de chambre de Louis XV.

LE COMMANDANT.

Celui-là même. Je portai plainte, comme vous pouvez le croire, et j'obtins, sans la moindre difficulté, un jugement contre le ravisseur et sa complice; mais, chose singulière, je n'ai jamais pu le mettre à exécution.

MADAME.

Ils étaient passés à l'étranger, sans doute.

LE COMMANDANT.

Non, vraiment; mon infidèle n'a jamais quitté la France, et je suis parvenu plusieurs fois à l'atteindre; mais chaque fois, la présence d'un nouveau complice m'obligeait à faire dresser un nouveau procès-verbal.

MADAME.

Ainsi, vous avez renoncé?...

LE COMMANDANT.

Non, parbleu! j'en viendrai à mon honneur; car dans la dernière sentence que j'ai obtenue, le nom du ravisseur est resté en blanc, et celui que j'attrapperai paiera pour tous.

MADAME.

A votre place, monsieur de Cervière, je m'en tiendrais là, parce que, voyez-vous, dans ce mouvement d'une circulation si rapide où votre femme est emportée, on ne sait pas en quelles mains elle peut tomber. Je suppose que madame de Cervière se réfugiât auprès de quelqu'un de ces hommes puissans qu'une bonne lettre de cachet débarrasse si facilement d'un mari qui les gêne...

LE COMMANDANT.

Ma foi, madame, vous m'y faites penser : toute réflexion faite, je suivrai votre conseil; aussi bien, me direz-vous, ce qui est fait est fait, et mon honneur n'est pas à cela près d'une atteinte de plus ou de moins : cela dit, j'avance à l'ordre.

MADAME, *lui remettant un papier.*

Voici votre consigne par écrit.

LE COMMANDANT, *prend le papier et lit.*

« Ne laisser entrer, même dans la première
« cour, aucun homme de quelque âge et de
« quelque rang qu'il soit, s'il n'est porteur
« d'une médaille semblable à celle qui est
« figurée au bas de cette feuille. » (*Il regarde.*) La voilà... *une tête de cerf sur un fond de gueule;*...je me connais en blason...
« Exiger le mot d'ordre de tout porteur de
« médaille qui pourrait se présenter. »

MADAME.

Celui du jour est *Péronne et Pucelle*.

LE COMMANDANT.

Péronne et Pucelle!... c'est entendu.

MADAME.

Vous connaissez le maître de céans : je
n'ai pas besoin de vous dire de le laisser

passer à quelque heure et sous quelque habit qu'il se présente.

LE COMMANDANT.

Mais je n'ai point de troupe, comment ferai-je battre aux champs ?

MADAME.

Ne savez-vous pas que le roi vient ici dans le plus grand incognito ?

LE COMMANDANT.

Ah! oui, j'entends... en bonne fortune.

MADAME.

Vous êtes bien rusé, monsieur de Cervière.

LE COMMANDANT.

C'est que, voyez-vous, après trente-cinq ans de service...

MADAME.

Maintenant, commandant, retournez à votre poste.

LE COMMANDANT, *s'approchant de son oreille.*

Péronne et Pucelle (*Il sort.*)

MADAME.

Quel emploi pour un chevalier de Saint-Louis! Il passe quelquefois de drôles d'idées par la tête des rois... C'est vous, mère Bompart?

SCÈNE III.

LA PRISE D'HABIT.

MADAME, LA MÈRE BOMPART, JULIENNE BEZARD.

LA MÈRE.

Oui, madame, et j'espère que cette fois vous serez contente de moi... Approchez, mademoiselle.

MADAME, *examinant la jeune fille.*

Elle est jolie, bien faite, un peu jeune.

LA MÈRE.

Quatorze ans passés.

MADAME.

Et?... (*elle lui parle à l'oreille.*)

LA MÈRE.

Depuis deux mois.

MADAME.

Votre nom, mademoiselle?

JULIETTE.

Juliette Bezard.

MADAME, *à la mère.*

Elle n'est point noble?

LA MÈRE.

Pas précisément; mais pour peu qu'elle soit admise, son père se propose d'acheter une charge de trésorier de France.

MADAME.

Je vous avais dit, mère Bompart, que je

n'admettais plus dans cette maison que des filles de qualité.

LA MÈRE.

A moins que les petites *vilaines* ne fussent très-jolies, et il me semble que celle-ci doit être comprise dans l'exception.

MADAME.

C'est la dernière, entendez-vous ; j'exigerai dorénavant les mêmes preuves que pour Saint-Cyr. Vous allez conduire mademoiselle dans le pavillon Sainte-Marie, et vous direz à la sous-madame de quartier qu'elle lui fasse prendre sur-le-champ l'habit de sa classe, fourreau bleu et ceinture blanche. (*A la petite.*) Allez, ma petite, et soyez sage.

JULIETTE, *à la mère*.

Je savais bien que vous me conduisiez au couvent ; mais c'est égal... je ne serai pas religieuse, je vous en préviens.

LA MÈRE, *à Madame.*

Vous voyez si elle est novice !

JULIETTE.

Non, madame, je ne suis pas novice. (*A la mère.*) C'est bien mal à vous de dire que je suis novice. (*Elles sortent.*)

MADAME.

N'oublions pas que c'est aujourd'hui le 1er mars, jour de grande revue : voici l'heure.... (*Elle sonne.*)

SCÈNE IV.

MADAME, LES DEMOISELLES, LES SOUS-MADAME.

Les jeunes filles, au nombre de vingt-cinq, entrent sur deux files de deux côtés différens ; l'une, composée de huit personnes vêtues de robes blanches et de ceintures roses, vont se ranger à la droite de Madame; les Sous-Madame en avant de leur peloton : les dix-sept autres, vêtues de robes bleues et ceintures blanches, se placent à gauche. Toutes ces jeunes personnes portent au col un médaillon renfermant un portrait suspendu à une chaîne d'or pour celles de droite, et par un ruban de velours noir pour celles de gauche. Une seule de ces demoiselles, Arsène de Solange, ne porte point de médaillon.

MADAME, *elle passe la revue de ces demoiselles.*
(A la première des robes blanches.)

Bien! fort bien, mademoiselle de Senneval! vous n'avez pas perdu cette fierté d'attitude qui convient à votre naissance; mais vous avez dans le maintien, dans les manières, ce quelque chose de plus doux, de plus affectueux, dont la beauté même a besoin pour plaire. (*A une autre.*) Nous nous fâcherons, mademoiselle de Poligny; vous ne tenez aucun compte des avis qu'on vous donne : toujours même désordre dans votre coiffure, même négligence dans votre toilette; vous êtes d'une étourderie, d'un laissé-aller dans toute votre personne!...

MADEMOISELLE DE POLIGNY.

Mais, madame, vous m'avez dit qu'on aimait cela.

MADAME.

Dans l'intimité, mademoiselle, mais non pas dans les habitudes extérieures... (*A une sous-madame en lui montrant une autre jeune personne.*) Je vous ai déjà dit que ces cheveux à racines droites ne lui seyaient pas du tout; elle a le front trop large : c'est une coiffure à la Ninon qu'il lui faut.

LA SOUS-MADAME.

Mademoiselle passe tout son temps à lire et à dessiner, et se plaint toujours que la coiffeuse la tient trop long-temps.

MADEMOISELLE DE GRANDCOUR.

Deux grandes heures en face d'un miroir, c'est à en devenir folle!

MADAME.

Qui vous empêche pendant ce temps de regarder votre médaillon?

MADEMOISELLE DE GRANDCOUR.

C'est le portrait d'un homme de vingt-cinq ans. L'original en a soixante : contempler l'un ne serait-ce pas faire infidélité à l'autre?

MADAME.

Vous dites une sottise, mademoiselle; il y a des hommes qui n'ont jamais soixante ans.

MADEMOISELLE DE GRANDCOUR.

Ah! pour cela! (*regardant ses compagnes qui rient.*)

MADAME, *continuant sa revue et s'adressant à une autre.*

Ma belle cousine, le maître prétend que vous ressemblez à madame de La Valière; c'est de bon augure.

MADEMOISELLE DE SORÈZE.

Je voudrais bien, madame, n'avoir jamais eu les mêmes torts à me reprocher; car je ne me sens pas le courage de les expier de la même manière.

MADAME.

Je vois que vous vous contenterez des regrets, et que vous n'irez pas jusqu'au repentir. (*Elle passe rapidement en revue les robes bleues*). (*A une sous-madame*). Vous habillez celle-ci fort mal; sa collerette est de trois doigts trop haute.

LA SOUS-MADAME.

Mais, madame voit bien...

MADAME.

Mais non, mademoiselle, je ne vois pas,

et c'est de cela que je me plains... Mesdemoiselles de Senneval et de Grandcour, à compter d'aujourd'hui, sortiront du pavillon Sainte-Marie et logeront chez moi.

HENRIETTE, *à une de ses compagnes.*

Qu'elles sont heureuses, elles vont se marier!

MADEMOISELLE DE SENNEVAL.

J'espère, madame, que celui qu'on me destine est bon gentilhomme au moins.

MADAME.

De nom et d'armes; allié aux baillis de Gisors; Anguérand par les femmes et Roncherolles par les hommes.

MADEMOISELLE DE GRANDCOUR.

Pour moi, je ne tiens pas à la naissance, et pourvu que le monsieur soit jeune; non pas de cette jeunesse royale qui ne finit jamais....

MADAME.

Chacune de vous aura ce qu'elle désire...

Vous, un homme comme il faut ; vous, un homme comme il vous le faut... Allez, mesdemoiselles ; restez Arsène.

SCÈNE V.

MADAME, ARSÈNE DE SOLANGE.

MADAME.

La personne qui vous a conduite ici, mon enfant, ne m'a pas laissé ignorer que votre famille n'avait pas donné son consentement formel à cette démarche ; mais du moins c'est de votre plein gré, n'est-il pas vrai, que vous avez quitté la maison paternelle ?

ARSÈNE.

Oui, madame ; ma tante voulait me mettre aux Ursulines : j'ai mieux aimé le Parc-aux-Cerfs.

MADAME.

Il est vrai que la règle en est moins sévère. Ainsi vous savez en quel lieu vous êtes?

ARSÈNE.

Une de mes cousines m'en a dit quelque chose.

MADAME.

Dans ce cas, elle vous a dit aussi que vous étiez trop jeune pour en apprendre, en ce moment, davantage; mais vous êtes d'une grande famille, vous promettez d'être très-jolie, vous avez de l'esprit, de la gaîté; vous jouez, m'a-t-on dit, de la harpe à merveille, et j'espère...

ARSÈNE.

Et moi aussi, madame; je suis même sûre que lorsqu'il me verra il ne me trouvera pas si jeune que vous croyez.

MADAME.

Je vois que votre cousine a été fort indiscrète, ou que vous êtes douée d'une intelligence très-précoce..... Quel est ce bruit? Rentrez, Arsène, et allez étudier votre harpe.

SCÈNE VI.

HONNEUR ET INFAMIE.

MADAME, LE VICOMTE D'OLBREUSE, CERVIÈRE.

LE COMMANDANT, *en dehors*.

Je vous dis, monsieur, que la médaille ne suffit pas, je vous demande le mot d'ordre.

LE VICOMTE, *entrant de force*.

Déshonneur et bassesse!

LE COMMANDANT.

Ce n'est pas cela, ce n'est pas cela! (*Ouvrant sa redingote pour montrer sa décoration.*) Vous n'entrerez pas, vous dis-je.

LE VICOMTE.

Vous voyez bien que je suis entré; reboutonnez-vous, monsieur le chevalier.

MADAME.

Vous ignorez sans doute, monsieur, que vous êtes ici dans une maison royale.

LE VICOMTE.

Vous faites bien de m'en prévenir; en vous y voyant, j'aurais été tenté de lui donner un autre nom

MADAME.

Au fait, monsieur, de quoi s'agit-il?

LE VICOMTE.

Vous le saurez quand cet homme sera sorti.

MADAME.

Eloignez-vous, monsieur le chevalier de Cervière, et restez à portée de recevoir mes ordres.

LE VICOMTE, *à Cervière qui sort lentement.*

Avouez, monsieur, que vous faites là un drôle de métier !

LE COMMANDANT.

Apprenez, monsieur, qu'il n'y a rien de drôle au service du Roi.

LE VICOMTE.

Aimeriez-vous mieux que je fisse passer l'épithète de la chose à la personne?

SCÈNE VII.

MADAME, LE VICOMTE D'OLBREUSE.

MADAME.

Maintenant, monsieur, vous me direz peut-être ce qui vous amène ici?

LE VICOMTE.

Un motif bien naturel, et dont, par cela

même, j'ai peur que madame ne sente pas tout le prix : je viens réclamer une enfant de treize ans enlevée à sa famille par le misérable Le Bel.

MADAME.

Misérable! monsieur Le Bel! premier valet de chambre!

LE VICOMTE.

Par un misérable valet, et retenue par vous dans cette maison, contre toutes les lois divines et humaines.

MADAME.

J'ai de la peine à concilier de pareils discours avec la mission que vous venez remplir auprès de moi : car enfin la médaille dont vous êtes porteur m'annonce que c'est à titre d'époux futur que vous vous présentez.

LE VICOMTE.

Non, je vous jure, je ne veux pas épouser

une fille de treize ans; et si l'envie de me marier me prend jamais, ce n'est point auprès de vous que je viendrai chercher ma compagne. L'enfant que je vous somme de rendre à l'instant même est Arsène de Solange, ma parente et ma pupille : je me nomme le vicomte d'Olbreuse.

MADAME.

Je respecte infiniment son excellence; mais j'aurai l'honneur de lui faire observer qu'elle ne représente pas ici le roi comme elle le représentait jadis en Espagne, et qu'entrées dans cette maison par lettre de cachet, mes pensionnaires n'en peuvent sortir qu'au même titre.

LE VICOMTE.

Et moi, je vous déclare que si cette enfant n'est pas remise sur-le-champ entre mes mains, je vais, en sortant d'ici, vous dénoncer à la tournelle, où j'aurai le crédit, je vous en préviens, de vous faire condamner pour un délit dont l'accusation seule est une flétrissure publique.

MADAME.

Elle n'atteindra pas la surveillante d'une maison royale, ancienne chanoinesse du plus noble chapitre d'Allemagne.

LE VICOMTE.

La marquise de Brainvilliers était aussi noble que vous, et n'était pas plus coupable.

MADAME.

La Brainvilliers! une empoisonneuse!...

LE VICOMTE.

Ne me forcez pas d'établir un parallèle entre son crime et les vôtres... Je ne dis plus qu'un mot : voulez-vous ou non me rendre l'enfant que je réclame à titre de parent et de subrogé-tuteur?

MADAME.

Oui, monsieur le vicomte, si vous voulez mettre ma responsabilité à couvert, en déclarant par écrit que vous avez employé la force pour me contraindre à vous livrer le dépôt qui m'avait été confié.

LE VICOMTE.

Qu'à cela ne tienne.

MADAME, *lui présentant une plume.*

Ecrivez... (*Elle sonne.*) Qu'on fasse descendre mademoiselle Arsène de Solange.

LE VICOMTE, *lisant à mesure qu'il écrit.*

Moi soussigné vicomte Auguste d'Olbreuse, chevalier des ordres du roi, grand d'Espagne, certifie que j'ai forcé madame... » Votre nom?

MADAME.

Je n'en prends point d'autre ici.

LE VICOMTE.

Tant mieux pour votre famille. « Que

j'ai forcé madame *trois étoiles* à remettre entre mes mains la jeune Arsène de Solange, âgée de treize ans, qui était détenue dans une maison de débauche et de corruption. »

MADAME.

De débauche!... monsieur le vicomte...

LE VICOMTE.

C'est moi qui parle, et je suis responsable de mes paroles comme de mes actions.

(*On amène la petite.*)

MADAME, *à Arsène.*

Connaissez-vous monsieur ?

ARSÈNE.

Ah! mon Dieu oui, c'est mon vieux cousin d'Olbreuse.

MADAME.

Il vient vous chercher.

ARSENE.

Pour me conduire aux Ursulines, j'en suis

sûre, Je ne veux pas y aller.... je reste ici.

LE VICOMTE.

Non, ma petite cousine, vous n'irez pas au couvent; c'est chez moi que je vous emmène.

ARSÈNE.

C'est égal... (*à madame*) Dites que non.

MADAME.

Vous savez, monsieur, que vous répondrez de la violence que vous faites à cette jeune personne en l'arrachant de l'asile que lui avait ouvert un auguste protecteur.

ARSÈNE.

Oui, madame, et dites-lui bien qu'il ne soit pas fâché contre moi; je reviendrai quand je serai plus grande.

LE VICOMTE, *à Arsène en l'emmenant.*

Quand vous serez plus grande, il est probable que cette maison aura changé de maître.

MADAME.

Comment, monsieur, vous osez prévoir!...

LE VICOMTE.

Mon Dieu oui, madame, j'ose prévoir que le maître de cette maison pourrait bien daigner mourir un jour ou l'autre, comme le dernier de ses sujets.

MADAME.

Quelle horreur!
(*Ils sortent, et le théâtre change*).

SCÈNE VIII.

LES CONTRASTES.

Petit salon attenant à la chambre à coucher de la princesse de Richemont. La princesse sort de sa chambre à coucher avec la comtesse de Misarette et deux de ses femmes ; elle s'assied dans une bergère, et l'on place un coussin sous ses pieds : elle fait signe à ses femmes de se retirer.

LA PRINCESSE DE RICHEMONT, LA COMTESSE DE MISARETTE.

LA PRINCESSE.

Prenez un siége, Ernestine.

LA COMTESSE.

Permettez-moi, princesse, de vous témoigner mon inquiétude : vos bontés pour moi ne m'ont pas accoutumée à ce ton sévère.

LA PRINCESSE.

Vous allez juger vous-même si ce que j'ai

à vous dire en demande un autre. Votre naissance ne vous permettait pas d'aspirer au rang où vous a élevée l'amour de celui qui est aujourd'hui votre époux. Amenée chez moi par M. de Misarette, votre extrême jeunesse, votre beauté, vos talens, justifièrent si bien son choix à mes yeux, que j'obtins pour vous une faveur qu'il sollicitait en vain depuis un an que vous étiez sa femme : je me chargeai moi-même de vous présenter à la cour. J'ai fait plus ; pendant l'absence de votre mari, que son inconduite a forcé de s'expatrier, je vous ai recueillie chez moi, et j'ai fait en sorte que vous y trouviez tous les avantages de la fortune et tous les soins de l'amitié; enfin je vous ai attachée à ma personne.

LA COMTESSE.

En me rapellant ses bienfaits, son altesse pourrait-elle croire que j'en eusse perdu le souvenir.

LA PRINCESSE.

J'ai voulu du moins vous préparer à recevoir mes conseils. Vous vivez dans un monde où la corruption des mœurs est un des élémens de la vie, et depuis quelque temps j'ai cru m'apercevoir que vous n'étiez pas suffisamment en garde contre les séductions qui vous entourent....

LA COMTESSE.

Je ne vois pas, madame....

LA PRINCESSE.

Il faut donc vous parler plus clairement Le prince aime les plaisirs, il les aime avec excès, et mon attachement pour lui ne m'aveugle pas sur la légèreté de ses principes. Tout à fait indifférente à ce qui se passe loin de moi, je ne m'arme pas d'une sévérité ridicule, par cela même qu'elle serait inutile, contre des désordres qui trouvent malheureusement une sorte d'excuse dans un auguste exemple ; mais je puis du moins exiger qu'on ne m'en rende pas témoin, et que le vice, il faut bien appeler les choses par leur nom, ne vienne pas choisir autour de moi ses victimes.

LA COMTESSE.

Je vois, madame, qu'on a calomnié ma reconnaissance.

LA PRINCESSE.

Mon mari vous aime; c'est un danger dont je vous préviens, si ce n'est pas un secret que je vous apprends.

LA COMTESSE.

Je n'ai pas dû croire, madame, que l'intérêt dont son altesse m'honore, et dont elle a reçu de vous l'exemple, pût alarmer votre tendresse.

LA PRINCESSE.

Point de vains détours, je vous prie ; je ne suis point jalouse, vous le savez bien ;

c'est un ridicule que repoussent loin de moi
l'âge de mon époux, ses goûts et ses mœurs.
Il ne m'appartient pas non plus d'examiner
ce qu'il peut y avoir de vrai dans le bruit
qui est venu jusqu'à moi, du sentiment rival que vous auriez inspiré à mon beau-fils,
le duc de Versac. Mais on dit encore, et
cela me touche de plus près, que le prince,
plein d'admiration pour votre esprit et vos
talens, songeait à vous confier l'éducation
des enfans de la grande duchesse, ma tante,
que j'ai fait venir auprès de moi. S'il était
vrai qu'il y eût quelque fondement à cette
rumeur, je vous engagerais à vous faire un
mérite de votre refus, et à ne pas me mettre
dans l'obligation de faire, du moins dans
cette circonstance, connaître et respecter
ma volonté.

LA COMTESSE.

Je serais d'autant plus heureuse, madame, d'avoir inspiré à monseigneur assez
d'estime pour qu'il daignât me confier un

si noble emploi, que tout en refusant de l'accepter sans votre participation, j'y trouverais, sans doute, un moyen de me justifier, aux yeux de votre altesse, d'un soupçon outrageant dont j'aurais pu me croire exempte.

LA PRINCESSE, *se levant.*

Je n'ai plus qu'un mot à vous dire, Ernestine. Je vous ai défendue jusqu'ici contre l'opinion qui vous accuse, ne me forcez pas à un examen plus sévère des reproches que l'on vous adresse... Je desire être seule. (*La comtesse sort en témoignant un dépit mêlé d'inquiétude.*)

SCÈNE IX.

LA PRINCESSE, seule.

D'Olbreuse ne m'a pas trompée. La contenance d'Ernestine m'a révélé son ame... Je ne sais, en lui parlant, quel pressentiment m'avertissait du rôle que cette jeune femme est appelée à jouer ; prenons garde cependant de précipiter notre jugement, la calomnie trouve tant d'échos à la cour !

SCÈNE X.

PERSONNAGES D'UN AUTRE SIÈCLE.

LA PRINCESSE, D'OLBREUSE.

LA PRINCESSE.

Qu'avez-vous, d'Olbreuse ? pourquoi cet air égaré, furieux ?

LE VICOMTE.

Madame, savez-vous d'où je viens?

LA PRINCESSE.

Du lever, probablement?

LE VICOMTE.

Non, madame, du Parc-aux-Cerfs; vous rougissez... mille pardons de prononcer un pareil nom en votre présence. Vous étiez informée par moi de l'enlèvement de mademoiselle de Solange, et je vous avais fait part de mes soupçons à ce sujet. Hier, en apprenant qu'on avait vu Le Bel à Beaumont, il ne me resta plus le moindre doute. Je sus pour qui, par qui le crime avait été commis, et dans quel endroit Arsène avait été conduite. Je m'y suis transporté ce matin, et j'ai forcé les surveillans de cette indigne maison à me rendre ma nièce.

LA PRINCESSE.

Cette action honorable ne restera pas sans punition; vous devez y compter.

D'OLBREUSE.

Il me bannira de sa présence, il m'exilera ; que m'importe ! ma résolution était prise d'avance. Cette journée est la dernière que je passe avec vous...

LA PRINCESSE.

Vous nous quittez, mon cher vicomte ?

LE VICOMTE.

Oui, madame, je n'y puis plus tenir : bassesse ou puérilité dans les actions, perfidie dans les discours, dévergondage dans les mœurs ; c'est une caverne que cette cour : je n'y vois que des fripons ou des dupes. J'ai déjà passé près de quarante ans dans la troupe, sans être ni l'un, ni l'autre. Qu'est-il résulté de là ? les méchans m'ont tourmenté, les sots m'ont honi, les grands m'ont renié, et les femmes se sont moquées de moi. Je suis las de vivre au jour le jour avec ma conscience, et de ne pas trouver un être à qui parler, lorsque je m'éloigne de vous. Il est vrai que je m'en éloigne le plus souvent que je puis.

LA PRINCESSE.

Cependant vous savez combien j'aime à vous voir, à quel point votre amitié m'est nécessaire.

LE VICOMTE.

Mon amitié! mon amitié!... Vous savez fort bien aussi que je ne m'enfuirais pas, si je n'avais pour vous que de l'amitié.

LA PRINCESSE.

Si elle était aussi pure, aussi vive que la mienne, elle ne laisserait point de place dans votre cœur à un autre sentiment.

LE VICOMTE.

Pour Dieu, madame, ne parlons pas de cela, si vous ne voulez pas m'entendre vous répéter que ma maudite étoile m'a fait rencontrer, au terme de ma jeunesse, dans la cour la plus dissolue de l'univers, une femme, un ange de grâces, d'esprit, de vertus, la seule que je puisse aimer, et qu'il me soit défendu d'aimer sur la terre.

LA PRINCESSE.

Parce que vous ne voulez pas l'aimer comme elle veut, comme elle peut être aimée. Tenez, mon cher vicomte, avouez-le, votre amour même est une suite de votre misanthropie ; vous êtes fâché d'excepter une seule personne de ce mépris général que vous avez pour l'espèce humaine.

LE VICOMTE.

Pour l'espèce des courtisans, madame.

LA PRINCESSE.

Eh bien ! il y a de l'injustice jusque dans cette restriction même. Vous pouvez, sans doute, faire avec vérité une peinture révoltante de la cour de Versailles, en groupant sur les marches du trône, autour d'une favorite sans pudeur, quelques femmes de qualité, telles que madame de Mirepoix, quelques hommes tels que les du Barry, les Terray, les Maupeou, les d'Aiguillon; mais serait-il moins vrai le tableau de la cour de Chanteloup, où règne un ministre exilé, où l'on verrait mesdames de Noailles, Duchâtelet, de Grammont, et cent autres femmes du même rang, formant le noble cortége de cette duchesse de Choiseul, modèle de toutes les vertus. Plus juste que vous, mon cher d'Olbreuse, l'histoire dira que, pour la première fois, à cette même époque, dont vous parlez avec tant d'amertume, le mérite malheureux a eu ses courtisans, et la vertu exilée son triomphe.

D'OLBREUSE.

Eh! oui, madame, je sais que le pèlerinage de Chanteloup a été quelque temps à la mode; qu'il est encore du bon ton de se montrer fidèle à la disgrâce de monsieur de

Choiseul; mais depuis que le roi a cessé d'en rire, ne voyez-vous pas comme l'enthousiasme s'affaisse, comme la cour de la favorite se repeuple ? Que m'importe après tout ! Je ne veux pas faire honneur à mes principes de la retraite à laquelle mes sentimens me condamnent.

LA PRINCESSE.

Pourquoi faut-il que je ne puisse les partager tous, sans renoncer à votre estime !

LE VICOMTE.

Vous croyez peut-être que je vous estimerais moins si vous m'aimiez davantage.

LA PRINCESSE.

Davantage, c'est impossible.

LE VICOMTE.

Eh bien autrement, ne disputons pas sur les mots.

LA PRINCESSE

Si fait, mon ami, disputons sur le mot,

puisqu'ici le mot c'est la chose. Soyons de bonne foi : que manque-t-il, de votre aveu même, au sentiment que j'ai pour vous? De lui donner un nom qui suppose l'oubli d'un devoir et la violation d'un serment : où serait alors à vos propres yeux cet ange de vertus, cette seule femme que vous puissiez aimer? Est-ce une compagne inséparable, une épouse qu'il vous faut? Je ne puis être la vôtre; mais que je ne sois pas un prétexte pour calomnier mon sexe tout entier : croyez qu'il est à la cour même plus d'une femme digne de votre hommage : vous êtes d'âge encore à choisir parmi les plus aimables.

LE VICOMTE.

Dois-je espérer d'être plus heureux à trente-sept ans que je ne l'ai été à vingt-cinq; n'ai-je pas été, comme un autre, la dupe d'une Agnès, le jouet d'une coquette, l'amant d'une femme galante, l'instrument d'une femme d'intrigue? Que puis-je aujourd'hui espérer de mieux?

LA PRINCESSE.

D'être l'ami d'une femme sensible.

SCÈNE XI.

IMPERTINENCE DE BON TON.

LES MÊMES, LE PRINCE DE RICHEMONT.

LE PRINCE.

Ma foi! le roi l'avait deviné.

LE VICOMTE.

Quoi donc, prince?

LE PRINCE.

On s'étonnait de ne pas vous voir au lever : Sa Majesté a voulu parier avec moi que vous étiez chez la princesse.

LA PRINCESSE, *froidement*.

Vous avez bien fait de ne point accepter la gageure.

LE VICOMTE.

En tout cas, vous auriez pu prendre avec le Roi une bien belle revanche, en pariant avec lui que j'avais passé ce matin une heure dans son gynecée.

LE PRINCE.

Au Parc-aux-Cerfs? vous ne plaisantez-pas?

LE VICOMTE.

Non, c'est le plus sérieusement du monde que je vous le dis. Je sors du Parc-aux-Cerfs d'où j'ai enlevé ma nièce, que l'honnête Le Bel y avait conduite il y a trois jours.

LE PRINCE.

Il y en a huit que le Roi n'a mis le pied dans cette maison, et peut-être n'est-il pas informé de l'agréable surprise qu'on lui ménageait, car on la dit fort jolie, votre nièce, d'Olbreuse.

LE VICOMTE.

Comme on l'est à treize ans.

LE PRINCE.

Dans tous les cas, êtes-vous bien sûr que cette affaire n'aura pas de suite.

LE VICOMTE.

Je m'en mets peu en peine, déterminé comme je le suis à m'exiler moi-même.

LE PRINCE.

Il est donc vrai, mon pauvre vicomte; vous tenez encore à cette étrange résolution, même après l'entretien que vous venez d'avoir avec la princesse..... Madame, vous ne souffrirez pas que ce projet s'achève!..... Je vous rends responsable de sa fuite, car je suis sûr qu'il ne tient qu'à vous de l'empêcher de partir.

LA PRINCESSE, *avec la même froideur.*

J'y ai fait tout mon possible.

LE PRINCE.

Ce n'est pas assez... n'est-il pas vrai, d'Olbreuse ?

LA PRINCESSE, *en jetant sur le prince un regard de dédain.*

Trouvez mieux, prince, pour le déterminer à rester, je vous en saurai un gré infini. (*Elle sort*).

SCÈNE XII.

LE VIEUX COURTISAN ET LE PHILOSOPHE.

LE PRINCE, D'OLBREUSE

LA PRINCE.

Elle est fâchée.... je ne connais point de femme de cour qui entende moins la plaisanterie. Parlons sérieusement : c'est au moment où l'on pense à vous pour l'ambassade de Londres, où la belle duchesse de Vaujours, qui vous appelle son ours, se vante de vous apprivoiser; c'est quand toutes les portes de l'ambition s'ouvrent devant vous, que vous voulez quitter la partie!

LE VICOMTE.

Prince, il y a un noviciat à faire pour chaque âge de la vie, et je me sens déjà trop vieux pour débuter dans la carrière de l'intrigue.

LE PRINCE.

Vous vous découragez aux plus beaux jours du plus beau règne.

LE VICOMTE.

Très-beau règne en effet que celui des défaites, des banqueroutes, des bulles, des billets de confession, des courtisanes et des Parcs-aux-Cerfs.

LE PRINCE.

Eh! mon cher, où irez-vous pour être mieux?

LE VICOMTE.

Dans un pays où l'état de maîtresse est une indignité, et non pas une dignité de la couronne; dans un pays où je trouverai du repos sans oisiveté, des plaisirs sans honte, des promesses sans fraude, et des amitiés sans perfidie.

LE PRINCE.

Vous voilà condamné au supplice du juif errant, monsieur le misanthrope. Ne saurez-vous donc jamais que les vices dont vous vous plaignez sont ceux du siècle, qu'ils attestent les progrès de la civilisation, qu'on les trouve partout sous une forme plus ou moins aimable, et que la sagesse consiste à en tirer pour soi le meilleur parti possible.

LE VICOMTE.

A ce compte, mon prince, je vous proclame le plus sage des hommes.

LE PRINCE.

Le plus sage, non; mais le plus habile.

LE VICOMTE.

Oh! pour celui-là, je le nie.

LE PRINCE.

Et vos raisons?

LE VICOMTE.

Je ne vous en donnerai qu'une; elle en vaut mille. Vous gouvernez l'état, le prince, la cour et la ville, et vous êtes gouverné vous-même par une petite fille qui vous trompe, et dont la princesse a eu le tort de faire une grande dame.

LE PRINCE.

Parbleu! le reproche est nouveau; en fait de femmes, du moins, je croyais avoir fait mes preuves, et je ne m'attendais pas à ce qu'on m'accusât d'être leur dupe.

LE VICOMTE.

C'est moi qui le dis, c'est madame de Misarette qui le prouve.

LE PRINCE.

Nous y voilà. Comment un sage, un philosophe comme vous, mon cher d'Olbreuse, se rend-il l'écho de l'orgueil et de la jalousie ? Un de mes amis devient amoureux d'une jeune et jolie bourgeoise, il fait la sottise de l'épouser ; la princesse accueille la première cette charmante créature, et je finis par m'apercevoir, en y regardant de plus près, qu'elle joint aux grâces du corps, aux dons de l'esprit toutes les qualités du cœur ; en quoi suis-je sa dupe, je vous prie ?

LE VICOMTE.

Vous l'êtes de n'avoir pas découvert l'âme d'un démon sous la figure d'un ange, d'avoir ignoré ses relations d'enfance avec le marquis de Pressade, qui l'a mariée avec Misarette.

SCÈNE XIII.

LES MÊMES, LA COMTESSE DE MISARETTE.

LA COMTESSE.

La princesse me charge de vous prévenir qu'elle ne descendra pas au salon, et qu'elle dînera chez elle.

LE PRINCE.

Quel caprice! Ah! je devine : elle aura vu Pressade sur ma liste... Cela ne nous privera pas de votre présence, madame; vous n'avez pas la même antipathie pour ce mauvais sujet.

LA COMTESSE.

C'est un ancien ami de ma famille, et je ne suppose pas que la haine elle-même puisse calomnier l'espèce d'intérêt que je lui porte.

LE PRINCE.

Il y a des gens qui ont si mauvaise opinion de lui, qu'ils vous soutiendront...

SCENE XIV.

INTRIGUE ET FATUITÉ.

LES MÊMES, LE MARQUIS DE PRESSADE.

LE PRINCE.

Arrivez donc, marquis..... On parle de vous!

LE MARQUIS.

Le comte d'Olbreuse et madame de Misarette!... on en dit du mal... Que voulez-vous! c'est un parti pris : les hommes ne me pardonnent pas mes succès, et les femmes n'excusent pas mes préférences.

LE VICOMTE.

Ce n'est pas faute de les multiplier.

LE MARQUIS.

Aussi le nombre de mes aimables ennemies diminue-t-il à vue d'œil.

LE PRINCE.

J'en connais, Pressade, qui sont bien résolues à ne te donner ni paix, ni trêve.

LE MARQUIS.

Celles-là comptent avec raison sur le respect qui retient mes coups, ou qui m'empêche d'assurer ma victoire.

LE PRINCE.

Qu'en dites-vous, madame? n'êtes-vous pas tentée de lui demander l'explication de sa pensée?

LA COMTESSE.

Non, je vous jure; on sait trop bien, lorsqu'il est question de femmes, que la pensée de monsieur est toujours une impertinence.

LE PRINCE, *à d'Olbreuse.*

Elle ne le gâte pas, vous voyez.

LE MARQUIS.

Impertinence est si souvent le nom qu'on donne à la franchise !

LA COMTESSE, *au prince, jetant sur Pressade un regard équivoque.*

Permettez-moi de rejoindre la princesse; j'aurais peur d'attrister vos convives, et ma présence pourrait contraindre la franchise de monsieur de Pressade. (*Elle sort.*)

LE MARQUIS, *à part, en lui donnant la main pour sortir.*

Vous voyez que je vous ai comprise : guerre ouverte et paix intime !

LE PRINCE, *à Pressade.*

Sais-tu bien que la comtesse ne t'aime pas autant que d'Olbreuse paraît le croire.

LE MARQUIS.

Qui ? moi ! elle me déteste ! vous le savez, mon prince; et, entre nous, je vous soupçonne de nourrir l'aversion dont ces dames m'honorent.

SCENE XV.

ESPRIT DE L'EPOQUE.

LES MÊMES, VOLSANGE, LE COMTE DE CHARNENCEY, LE CHEVALIER DE GRANGEVAL, L'ABBÉ PORQUET.

(Un bruit de conversation animée précède leur entrée.)

LE PRINCE.

Bonjour, Volsange; bonjour, l'abbé; vous vous disputiez, je crois?

VOLSANGE.

Non, monseigneur, au contraire, nous rions d'une anecdote que monsieur de Charnencey nous racontait. Il prétend que Madame, petite-fille du roi, jouant hier avec une de ses bonnes, comptait ses doigts l'un après l'autre, et ne pouvait revenir de sa surprise en voyant que cette femme avait comme elle cinq doigts à chaque main.

LE PRINCE.

Rien n'est plus vrai; mais, ne vous en déplaise, messieurs les philosophes, je ne trouve pas l'observation de son altesse royale aussi déraisonnable qu'elle vous le paraît. On lui apprend, on fait mieux, on lui prouve tous les jours qu'elle est d'une autre nature que tout ce qui l'entoure; comment ne serait-elle pas étonnée de ne trouver aucune différence physique entre elle et une créature qu'elle croit d'une autre espèce ?

L'ABBÉ.

Aussi ne rions-nous pas de l'enfant, mais de ceux qui l'élèvent.

LE PRINCE.

Rira bien qui rira le dernier.

VOLSANGE.

C'est ce que nous disions, monseigneur; malheureusement ce ne sera ni vous, ni moi ; nous n'assisterons pas au dénoûement de la pièce ; mais ce jeune homme (*en montrant Grangeval*) verra tomber le rideau , et je prédis qu'il entendra un beau tapage !

LE PRINCE.

L'imagination d'un poète ne marchande pas l'avenir.

VOLSANGE.

Encore moins le passé. Ce que j'ai vu est pour moi le garant certain de ce que verront les autres.

LE PRINCE.

J'ai vu !... Comment Volsange ose-t-il encore prononcer ces mots : Tu crois donc que la Bastille est démolie ?

VOLSANGE.

Pas encore , monseigneur , et c'est pour cela que je quitte la France. La vérité m'étouffe , j'ai besoin de la dire , tout gentilhomme ordinaire que je suis par votre grâce.

LE PRINCE.

Songe que ceux qui ne veulent pas l'entendre ont le bras long.

LE COMTE.

Nous partons ensemble pour l'Angleterre.

LE MARQUIS.

Pour moi, j'abandonne mes ingrats créanciers, et je vais passer un an ou deux à mon régiment.

LE COMTE.

A Lunéville ? Je ne vous plains pas ; c'est la meilleure garnison de France.

LE MARQUIS.

Oui, la mauvaise compagnie y est excellente.

LE PRINCE.

Mais c'est donc une désertion générale ? Le comte va voyager, d'Olbreuse se retire du monde, Pressade va manœuvrer en province, et Volsange va rimer de l'autre côté de la Manche; je vois qu'il ne nous restera que le petit Grangeval.

LE CHEVALIER.

Pardonnez-moi, mon prince, je pars la semaine prochaine avec monsieur l'abbé, pour aller visiter l'Amérique.

LE PRINCE.

Mon fils se serait-il déjà mis en route, je l'attendais à dîner.

LE MARQUIS.

Il ne tardera pas à venir; il m'a quitté au lever, pour aller faire son compliment à la duchesse de Verneuil.

LE PRINCE.

Son compliment! et sur quoi?

LE MARQUIS.

Sur la sérénissime banqueroute que vient de faire son mari.

LE COMTE.

Une altesse banqueroutière !...

L'ABBÉ.

Impossible !

LE MARQUIS.

Pourquoi donc pas ? Le duc est philosophe, grand ami de l'égalité parmi les hommes; il reçoit à sa table des banquiers, des avocats, jusqu'à de simples marchands; n'est-il pas juste qu'il leur fasse payer l'honneur de cette douce familiarité ?

VOLSANGE.

En ma qualité d'apprenti géomètre, je compte m'occuper, dans ma retraite, de résoudre un grand problème politique : combien de temps peut exister encore une monarchie dont le gouvernement, l'administration, les lois et les mœurs n'offrent, de quelque côté qu'on les envisage, que contradictions, absurdités, vices, ridicules et corruption?

LE PRINCE.

J'ai dans l'idée, monsieur le calculateur, que cet état de choses pourrait bien durer assez long-temps pour me donner le regret de te voir pendre.

VOLSANGE.

Mon prince, c'est pour vous en épargner le chagrin que je vais achever mes calculs de l'autre côté du détroit.

LE MAITRE D'HOTEL, *entrant*.

Son altesse est servie.

LE PRINCE.

Venez, messieurs, nous pourrons continuer la conversation à table; la princesse ne dîne pas avec nous.

(Ils sortent; le théâtre change et représente la galerie circulaire d'une petite maison ornée avec une extrême élégance).

SCENE XVI.

LA PETITE MAISON.

GILBERT, JULIENNE.

(Gilbert range les divans dont il ôte les housses. Julienne place des vases de fleurs autour des candelabres et brûle des parfums.)

JULIENNE.

Est-ce monseigneur le père qui vient ce soir ?

GILBERT.

Non, c'est monseigneur le fils.

JULIENNE.

Dis-moi donc, mon ami, pourquoi la princesse ne vient-elle jamais ici ? On dit que c'est une dame si bonne, si vertueuse !

GILBERT.

C'est peut-être pour cela ; les femmes

comme elle ne viennent guère dans les petites maisons.

JULIENNE.

Celle-ci est pourtant bien jolie, c'est un palais en miniature. Je voudrais bien savoir aussi pourquoi tu m'enfermes dans ma chambre dès que la compagnie arrive, et pourquoi, depuis cinq mois que nous sommes ici, tu ne m'as pas permis de rendre mes devoirs à tes maîtres ?

GILBERT.

Je vois, ma chère Julienne, qu'il est temps de t'expliquer ma conduite. Cette maison dont je suis concierge est une agréable retraite où monseigneur, et plus souvent son fils, rassemblent, de temps en temps, quelques amis. Au nombre de ces amis, il y a des femmes, et comme le monde est méchant, et que l'on calomnie assez volontiers l'objet de ces douces réunions, il est très-simple que l'on prenne toutes les précautions possibles pour assurer l'incognito des personnes qui s'y rendent; c'est pour cela qu'elles ne peuvent être vues que par moi, qui ai seul l'entrée des appartemens, et que tout le service, même celui de la table, s'y fait par-dessous.

JULIENNE.

Je commence à comprendre; mais cela ne m'explique pas pourquoi, lorsque monseigneur vient seul, tu m'obliges encore à me cacher.

GILBERT.

Eh bien! vois-tu... c'est que monseigneur ne sait pas que je suis marié.

JULIENNE.

Pourquoi lui en faire un mystère?

GILBERT.

Tu es si jolie!

JULIENNE.

Ah! voilà mon jaloux tout trouvé.

GILBERT.

Non, Julienne, ce n'est pas jalousie, c'est précaution.

JULIENNE.

Et contre qui, s'il vous plaît, monsieur Gilbert?

GILBERT.

Contre des hommes puissans, ma chère, qui n'ont jamais refusé une femme à leurs désirs.

JULIENNE.

Une femme qui les aime, mais celle qui n'aime que son mari, qui ne veut aimer que lui?...

GILBERT.

C'est justement celle-là qui les tente; c'est à la vertu qu'ils en veulent; ce sont les obstacles qu'ils cherchent.

JULIENNE.

Et vous n'imaginez pas qu'on puisse leur en opposer d'invincibles?

GILBERT.

J'en serais bien sûr avec toi, si la séduction était la seule arme de nos grands seigneurs; mais si tu savais, Julienne, à quels moyens ils osent avoir recours! si je t'avais conté l'histoire de la jolie tapissière!

SCÈNE XVII.

LES MÊMES, UN COUREUR.

LE COUREUR.

Monsieur Gilbert, dix couverts ici dans la rotonde; la petite porte de l'impasse ouverte, et le dessert servi dans la grotte du faune.

GILBERT.

J'avais l'ordre, tout est prêt.

LE COUREUR, *remarquant Julienne qui s'est éloignée.*

Quelle est cette jeune dame qui se cache devant une glace pour ne pas être vue?

GILBERT, *avec embarras.*

C'est ma sœur, monsieur Léger, qui vient de m'apporter quelques aunes de gaze pour couvrir les tableaux du boudoir.

LE COUREUR.

Votre sœur ?... Ah! oui! je sais ce que c'est.

GILBERT.

N'allez pas croire au moins ?...

LE COUREUR.

Je ne crois jamais rien, monsieur Gilbert, et je me sauve. (*Il sort.*)

GILBERT.

Que je suis fâché qu'il t'ait vue.. J'entends une voiture; descends vite par l'escalier de l'orangerie.

JULIENNE.

Je serais pourtant bien curieuse de voir une fois ce terrible séducteur.

GILBERT.

Ce n'est pas monseigneur, il entre par la porte du jardin.

SCÈNE XVIII.

SOPHIE ARNOULD, LE COMTE DE CHARNENCEY.

SOPHIE.

Savez-vous bien, mon cher comte, qu'il faut que je vous aime beaucoup pour venir ici, même avec vous?

LE COMTE.

Bien vrai, Sophie, vous ne connaissez pas encore la petite maison du duc de Versac?

SOPHIE.

Non certainement; vous savez que je n'ai jamais aimé la mauvaise compagnie.

LE COMTE.

Versac voit quelquefois la bonne; aujourd'hui, par exemple, nous n'avons en femmes que vos deux camarades, Clairon et Dumesnil, et une très-jeune dame de la cour, que l'on cite comme un modèle de vertu.

SOPHIE.

Est-ce une preuve que le duc se convertit, ou que la jeune dame se perd?

LE COMTE.

Je vous le demande à vous, Sophie, que j'ai vue sur le point d'entrer au couvent.

SOPHIE.

J'ai mes momens de repentir.

LE COMTE.

Qui vous dit que cette dame n'a pas ses momens de regrets?

SCENE XIX.

LES MÊMES, MADEMOISELLE CLAIRON, VOLSANGE, L'ABBÉ PORQUET, LE CHEVALIER DE GRANGEVAL, MADEMOISELLE DUMESNIL.

CLAIRON.

Fort heureusement, le duc n'a pas la manie de certain baron de la connaissance de monsieur de Volsange; il permet qu'on entre chez lui en nombre impair; sans cela l'un de vous, messieurs, serait resté à la porte.

VOLSANGE.

C'eût été vous, l'abbé; vous êtes seul ici de votre espèce.

SOPHIE.

Dites donc de son genre.

L'ABBÉ.

J'observe à mademoiselle Sophie, qui entend le latin, que, même en ce lieu, *maxima debetur pueris reverentia.*

SOPHIE.

Soyez tranquille, monsieur l'abbé, je sais tout ce qu'on doit de respect aux enfans de l'âge de monsieur de Grangeval.

LE CHEVALIER.

Mademoiselle sait aussi que je ne suis pas indigne de celui qu'elle me porte.

VOLSANGE.

En vérité, l'abbé, vous avez grand tort de faire courir le monde à votre élève; ces dames se seraient chargées de lui faire voir du pays.

DUMESNIL.

Le théâtre est la véritable école des héros et des rois.

SOPHIE.

Il n'est pas sûr que Louis XIV se fût élevé

si haut, s'il n'eût pas dansé dans les ballets de Lully.

VOLSANGE.

L'éducation du théâtre n'a pas tout à fait aussi bien réussi à Néron.

CLAIRON.

Je le crois bien; les femmes alors ne montaient pas sur la scène, partant, l'amour honnête n'y jouait aucun rôle.

VOLSANGE.

Ou du moins il en jouait un si misérable, qu'il est trop heureux que le théâtre ne nous en ait pas conservé la peinture.

CLAIRON.

Parlez-nous de l'amour tel qu'on l'entend parmi nous : échange de deux fantaisies, privilége pour toutes les sottises qu'on peut dire, pour toutes les folies qu'on peut faire, n'est-il pas vrai, comte de Charnencey?

SOPHIE.

Sur ce point, Frétillon ferait mieux d'interroger le comte de Caylus; il est à meilleure école que Charnencey pour envisager l'amour sous toutes les faces.

LE COMTE.

Mesdames, la discussion s'échauffe un peu vite; je vous propose de venir la continuer dans les serres, en attendant l'arrivée de notre hôte.

VOLSANGE.

J'emmène notre docteur de Sorbonne; j'ai un cas de conscience à lui soumettre.

SOPHIE, *à l'abbé.*

Soyez tranquille sur votre jeune élève, à son âge, on est plus en sûreté entre deux femmes qu'avec une seule (*Tout le monde sort.*)

SCÈNE XX.

LA COMTESSE DE MISARETTE, LE DUC DE VERSAC.
(Ils entrent par une porte dérobée.)

LA COMTESSE.

Mais c'est un véritable enlèvement, et très-sérieusement, je m'en plaindrai à la princesse.

LE DUC.

Vous vous en garderez bien; d'ailleurs où donc est le mal de souper sans cérémonie avec les hommes les plus aimables et les femmes les plus spirituelles de Paris.

LA COMTESSE.

Quoi! nous ne serons pas seuls.

LE DUC.

Me croyez-vous capable d'un pareil procédé! Que dirait mon père?

LA COMTESSE.

Mais s'il vient?...

LE DUC.

Il ne viendra pas; ce n'est pas son jour.

LA COMTESSE.

Je ne resterai qu'un instant, je vous en préviens.

SCENE XXI.

LES MÊMES, VALMORE.

VALMORE.

Le théâtre est prêt, ma troupe est arrivée et mes décorations sont en place : nous ne commencerons qu'après souper, n'est-il pas vrai?

LE DUC.

Sans doute! Eh bien, Valmore, nous feras-tu bien rire?

VALMORE.

Jugez-en par le titre de ma pièce : *Isabelle grosse par vertu*...

LA COMTESSE, *au duc.*

Vous ne comptez-pas que j'assiste à un pareil spectacle?

VALMORE.

Ah! madame, ne craignez rien; mes gravelures sont décentes. Il y a bien quelques traits un peu vifs, mais cela s'écoute sous l'éventail; par ce moyen, on ne voit ni la femme qui a peur de rougir, ni celle qui craint de ne rougir pas. Qu'est-ce, après tout, que mes couplets, comparés aux Noëls de cour de la composition de vos grands seigneurs? Madame ne connaît peut-être pas le dernier : *La visite à la créche?* Je vous le chanterai au dessert, après la dernière bouteille de champagne.

LE DUC.

Ah! voici nos convives...

SCÈNE XXII.

LES MÊMES, TOUS LES CONVIVES.

LE DUC.

Mesdames, je vous présente madame la comtesse de Misarette, dont le nom et la présence ne peut manquer de réveiller en vous toutes les idées de grâces, de talens et de vertus.

LE COMTE.

Madame, votre présence ici me fait perdre un pari considérable; mais je ne m'en plaindrais pas si vous vouliez me promettre de m'en faire perdre un second.

LA COMTESSE.

Monsieur, si vous avez pu avoir assez mauvaise opinion de monsieur le duc et de vous-même pour parier que je ne me rendrais pas à l'invitation qui m'avait été faite, ma présence, je l'espère, pourra contribuer à vous replacer dans votre propre estime. (*Elle va causer avec ces dames*).

VALMORE.

Je commence à croire, monsieur le comte, que vous ne gagneriez rien à perdre une seconde fois.

LE DUC, *bas à Volsange.*

Et toi, Volsange, qu'en penses-tu?

VOLSANGE.

Je pense que j'ai connu à Paris six grandes comédiennes, trois de théâtre, mesdemoiselles Arnould, Clairon, et Dumesnil, ici présentes; et trois de société, mesdames de Tencin, Brizard, et celle-ci qui les effacera toutes.

LE DUC.

Soupons, nous causerons plus commodément à table.

(Le duc donne un signal, et une table toute servie s'élève : chacun s'assied; madame de Misarette se place entre l'abbé et le chevalier de Grangeval.)

VOLSANGE, *à la comtesse.*

C'est un grand art, madame, que celui de concilier les prédilections et les convenances.

SCÈNE XXIII.

LE PETIT SOUPER.

LES MÊMES, LE MARQUIS DE PRESSADE.

LE MARQUIS, *prenant place après avoir fait au duc un signe d'intelligence.*

Je vois bien que l'on ne m'attendait plus; mais je me flatte que l'on m'espérait encore.

SOPHIE.

Vous serez toujours modeste, mon cher marquis.

LE MARQUIS.

Jusqu'à ce que l'expérience me corrige.

LE DUC.

Nous t'attendions pour avoir les nouvelles du jour.

LE MARQUIS.

Rien, absolument rien : *stagnation* complète. La parade a été aussi brillante que de coutume : une ligne d'habits bleus, une ligne d'habits rouges, le salut de l'esponton, et marche à la caserne.

LE COMTE.

Vous ne dites pas que le roi avait une rose à la bouche.

LE MARQUIS.

Où donc est ma mémoire ! J'oubliais aussi l'aventure de d'Olbreuse.

VOLSANGE.

Nous la savons; on a enlevé sa nièce.

LE MARQUIS.

Oui, mais ce que vous ne savez pas, c'est qu'elle était au Parc-aux-Cerfs par lettre de cachet, et que notre homme a eu l'audace d'aller ce matin l'en arracher de vive force.

SOPHIE.

Croyez-vous qu'il soit arrivé avant la lettre ?

LE MARQUIS.

C'est probable.

LE COMTE.

Savez-vous, messieurs, que c'est un homme bien extraordinaire, que le vicomte d'Olbreuse !

CLAIRON.

Oui, sans doute : un grand seigneur qui n'a point de coureur devant ses chevaux, dont le carrosse est sans armoiries, le cocher sans moustaches, et les laquais sans livrées. Quelle pitié !

SOPHIE.

Et qui trouve mauvais qu'on mette sa

nièce en réquisition pour le service du roi : cela crie vengeance !

LA COMTESSE.

Messieurs, je demande grâce pour les vertus du comte d'Olbreuse.

LE MARQUIS.

Abandonnez-nous au moins ses ridicules, et convenez qu'il nous reporte au temps des amours discrets de Thibault, comte de Champagne, avec la reine Blanche.

DUMESNIL.

Si le roi fait bien, il l'exilera en Palestine.

LA COMTESSE.

Ces messieurs craignent peut-être qu'il ne remette à la mode, en France, le véritable amour, le véritable honneur?

SOPHIE.

Exilé! exilé sans miséricorde, ce frondeur atrabilaire qui ne veut pas absolument appeler du nom d'amour cette insolence de si bon ton que le Lauzun du dernier siècle a léguée aux petits-maîtres du nôtre! N'a-t-il pas dernièrement osé dire, chez moi, que la galanterie qui régnait maintenant à la cour, n'était qu'une froide parodie du libertinage de la régence; qu'elle ne supposait pas même le désir d'une possession à laquelle on attachait moins de prix qu'au scandale qui devait en résulter; que vous étiez, messieurs, plus dangereux pour la réputation des femmes que pour leur vertu; en un mot, qu'il n'y avait pas même de plaisir à se perdre avec vous.

LE MARQUIS.

J'espère bien que ces dames nous auront, du moins, défendu contre cette dernière accusation.

DUMESNIL.

Oui, je crois me rappeler que j'ai dit quelque chose en votre faveur.

CLAIRON.

Pour moi, je n'ai rien dit; j'en prends Sophie à témoin.

LE MARQUIS.

Vous êtes plus coupable qu'une autre, adorable Frétillon. Vous auriez dû me tenir compte de ce sentiment de reconnaissance que j'ai pour les femmes faciles, et qui m'a ramené si souvent à vos genoux.

CLAIRON.

Vous ne dites pas combien de fois vous y êtes resté muet.

LE MARQUIS.

A qui la faute?

LA COMTESSE, *bas à l'abbé.*

Quelle école pour votre jeune élève, monsieur l'abbé!

L'ABBÉ.

A qui le dites-vous, madame? Je vous prie de croire que c'est contre ma volonté que le chevalier est ici. Mais, heureusement, madame la comtesse absorbe tellement son attention, qu'il n'entend pas un mot de toutes les impertinences qui se débitent autour de lui.

LA COMTESSE, *bas à l'abbé.*

Comptez sur moi pour terminer le plus tôt possible son supplice et le mien.

LE COMTE.

A propos d'impertinence (ce mot a frappé mon oreille), dites-nous donc, marquis, comment s'est terminé votre duel avec Préval ?

LE MARQUIS.

Le plus heureusement du monde ; sa blessure n'est pas mortelle.

SOPHIE.

On dit dans le monde que tous les torts étaient de votre côté.

LE MARQUIS.

J'en fais juge l'honorable compagnie.

J'avais eu le malheur d'enlever successivement à Préval deux de ses maîtresses : il vint me demander une explication à ce sujet. Que diable! mon cher, lui ai-je dit de la manière du monde la plus affectueuse, si vous ne vouliez pas m'avoir pour rival, il fallait me donner votre liste; elle est courte, et j'aurais pu la respecter. Il ne s'est pas contenté de cette excuse, et nous nous sommes battus.

LE DUC.

Et cette fois encore l'innocence a triomphé.

VOLSANGE.

Mesdames, pardonnez au marquis tous ses torts, il est au moment de les expier : on assure qu'il se marie.

LE MARQUIS.

Moi! non, le diable m'emporte !

LE DUC.

Que je plaindrais la malheureuse !

LE MARQUIS.

Je me plaindrais bien davantage.

VOLSANGE.

Ne vous en défendez pas ; il vient un âge où l'on ne peut se passer de considération.

LE MARQUIS.

Cet âge n'est pas encore venu pour moi : d'ailleurs je puis me flatter d'en jouir de cette considération, s'il est vrai qu'elle soit le prix de quelque supériorité, de quelque perfectionnement dans l'ordre social.

DUMESNIL.

Qu'a-t-il donc perfectionné ?

SOPHIE.

Les mauvaises mœurs.

LE MARQUIS.

N'est-ce rien dans un siècle si avancé !

CLAIRON.

Il est vrai qu'en fait de mauvaises mœurs,

après vous, marquis, il n'y a plus qu'à tirer l'échelle.

SOPHIE.

A la dresser, dites donc.

LE COMTE.

Plaisanterie à part, mon cher Pressade, le public commence à se déchaîner contre toi !

LE MARQUIS.

De quoi se mêle-t-il ? Il sied bien à une espèce comme le public de juger des hommes comme nous. Cela fait pitié...

VOLSANGE.

En attendant que cela fasse horreur.

LA COMTESSE.

Comme on le calomnie ! ce pauvre marquis, au moment où commence sa réforme.

PRESSADE.

Un sage a dit, je ne sais plus lequel, c'est moi peut-être, ne crains pas de te faire des ennemis ; choisis les seulement : la vertu de Socrate est encore mieux prouvée par la haine d'Anytus que par l'amitié de Platon.

LE MARQUIS.

Demandez à madame, je ne le lui fais pas dire.

LA COMTESSE.

Il ne met plus le pied chez madame Brizard.

LE MARQUIS.

Oui, j'ai abjuré la calomnie, je m'en tiens à la médisance.

SOPHIE.

D'autant que le scandale n'y perd rien.

LE COMTE.

Je suis témoin qu'il a rompu avec le traitant Samuel, si célèbre par son cuisinier : preuve que le marquis devient sobre.

LE MARQUIS.

Que voulez-vous ? c'est un homme qu'on

boit, qu'on mange ; mais qu'on ne digère pas. Grâce au ciel, ma vie est un drame si triste, si ennuyeux, que je suis quelquefois tenté de croire que c'est le chevalier de Mouchy qui l'a fait; aussi ne puis-je plus y tenir; je quitte la partie et je pars en m'enveloppant dans ma vertu.

SOPHIE.

Marquis, vous seriez bien indécemment couvert.

LE MARQUIS.

M'en aimeriez-vous moins ?

SOPHIE.

Sans doute, la nudité ne vous sied pas

LE MARQUIS.

Indiscrète !... Quoi qu'il en soit, ma conversion est très-avancée, et j'en suis au point de penser comme le sage d'Olbreuse, que la cour est la sentine de tous les vices; que la ville est un repaire de bêtes féroces, et que la société toute entière est menacée d'une prochaine dissolution.

DUMESNIL.

Si la morale s'en mêle, je me sauve, je vous en préviens.

LE DUC.

Pour éviter ce double malheur, Valmore va nous chanter son nouveau Noël.

LA COMTESSE, *se levant.*

Je suis désespérée de ne pas vous entendre, monsieur de Valmore ; mais monsieur le duc sait le motif...

LE DUC.

Oui, je sais messieurs que la comtesse à de fort bonnes raisons pour nous quitter.

LE MARQUIS, *bas au duc.*

Sans compter la meilleure, peut-être.

LE DUC.

Laquelle ?

LE MARQUIS, *au duc à part.*

Le chevalier va vous la donner.

L'ABBÉ.

L'heure de la retraite est également sonnée pour mon élève et pour moi.

LE CHEVALIER, *se levant.*

Madame la comtesse serait-elle assez bonne pour me remettre chez moi; je ne la détourne pas de son chemin.

LA COMTESSE.

J'allais vous le proposer.

LE MARQUIS, *à part au duc.*

Entendez-vous maintenant ?

LE DUC.

L'abbé est en tiers.

LE MARQUIS.

Il est si fin et la comtesse si maladroite! (*En pointe de vin et allant au chevalier, haut.*) Jeune homme vous entrez dans le monde ; je n'ai plus qu'un conseil à vous donner : pour y réussir, soyez amoureux de toutes les femmes, et faites-vous souvent reconduire.

LE DUC.

Je ne veux pas priver le chevalier du plaisir de vous donner la main jusqu'à votre carrosse.

LE MARQUIS, *bas au duc.*

Je vais emmener les autres, et j'irai m'assurer si les chevaux de poste sont arrivés.

LE DUC, *bas au marquis.*

Tu me trouveras ici ; j'ai un mot à dire à Gilbert. (*Haut*). Maintenant que nous voilà débarrassés d'une prude et d'un docteur de Sorbonne, je propose à ces dames de suivre Pressade dans le bosquet du Faune : les couplets de Valmore ont besoin d'un plus riant théâtre.

CLAIRON, *prenant le bras de Volsange.*

Marchons avec précaution; je crains toujours ici de tomber dans quelque piége.

SOPHIE.

On dirait que Frétillon n'y a jamais été prise. (*Ils sortent.*)

SCÈNE XXIV.

LE DUC, seul, il sonne.

Ah! monsieur Gilbert! vous vous avisez de singer vos maîtres. (*A Gilbert qui entre.*) M'apprendrez-vous ce que c'est qu'une jeune personne qui habite cette maison à mon insu?

GILBERT.

Une jeune personne, monseigneur!...

LE DUC.

Oui, monsieur, une jeune personne, très-jolie qui pis est.

GILBERT.

Mais j'ignore..... à moins que ce ne soit ma femme.

LE DUC.

Vous êtes marié?.. sérieusement.

GILBERT

Oui, monseigneur.

LE DUC.

Et depuis quand?

GILBERT.

Depuis plus d'un an.

LE DUC.

Sans m'en avoir prévenu, sans m'avoir demandé s'il me convenait que vous établissiez chez moi un ménage et tout ce qui s'en suit?

GILBERT.

Ma femme n'est ici que depuis six semaines; elle demeure habituellement chez son père.

LE DUC.

Je veux la voir, et apprendre de sa bouche qu'elle est véritablement votre femme... le rôle mystérieux qu'elle joue ici n'est pas du tout convenable... allez !

SCÈNE XXV.

LE DUC, seul.

Votre maîtresse, votre femme, tout ce qu'il vous plaira ! et vous vous imaginiez, jolie comme elle est, qu'elle ne prendrait pas le soin de trahir elle-même sa retraite! Je n'aurais pas eu besoin qu'un mot de mon coureur me mît sur la voie ; la belle, en faisant crier la jalousie qu'elle ferma lentement quand elle m'aperçut, m'a laissé le temps de la voir.

SCENE XXVI.

LE DUC, JULIENNE, GILBERT.

LE DUC.

Approchez, ma belle enfant, et vous, Gilbert, éloignez-vous. (*Gilbert hésite à sortir, et paraît un moment vouloir rester; un regard de Julienne le rassure et le décide à sortir.*) Mon premier regard ne m'a point trompé. (*Il s'assied en l'attirant vers lui.*) Vous êtes jolie comme un ange!... Je grondais Gilbert de la retraite où il vous condamne; mais j'avais tort, je l'excuse en vous voyant; le trésor qu'il possède est de ceux qu'il faut enfouir pour les conserver. Il assure que vous êtes sa femme.

JULIENNE.

Oui, monsieur, j'ai ce bonheur là.

LE DUC.

Avec une figure comme la vôtre, on pourrait, sans manquer de modestie, prétendre à un sort plus brillant.

JULIENNE.

Mes vœux ne s'étendent pas au-delà.

LE DUC, *lui prenant la main.*

S'il ne m'est pas permis de changer votre sort, je saurai du moins l'embellir.

GILBERT, *entrant précipitamment.*

Monseigneur, monsieur de Pressade me charge de vous prévenir qu'il est deux heures, et que votre chaise vous attend à la porte du jardin.

LE DUC, *à part, après s'être consulté un moment.*

Décidément, ne changeons rien à nos projets; la religieuse ne peut attendre, et je vois que cette affaire n'est pas de celles que l'on termine en quelques heures (*haut*). Gilbert, je te félicite de ton choix : ta femme est charmante, et je veux la fixer près de toi d'une manière plus convenable ; je la nomme femme de charge, aux appointemens de mille écus ; vous vous établirez dès demain dans le pavillon de l'Orangerie que je mets tout entier à votre disposition.

GILBERT.

Monseigneur...

LE DUC.

Je serai de retour dans quarante-huit heures, et je viendrai recevoir ici vos remercîmens. (*Il sort.*)

SCENE XXVII.

GILBERT, JULIENNE.

GILBERT, *après un moment de silence.*

Eh bien! Julienne!

JULIENNE.

Eh bien! mon ami!

GILBERT.

Que penses-tu de monseigneur?

JULIENNE, *avec une sorte d'embarras.*

Je pense qu'il est bien aimable, bien généreux, et que notre fortune est faite.

GILBERT, *avec l'expression de la plus vive inquiétude.*

Ainsi, tu acceptes ses bienfaits?

JULIENNE

Je me consulte, mon ami; décidément,

je me trouve plus d'amour encore que de confiance en moi-même : ce n'est pas avec toi que je feindrai de me méprendre sur les intentions de ce dangereux bienfaiteur. Je me sens assez de force pour triompher de toutes les séductions, mais tu ne serais pas tranquille pendant la lutte, et cette raison me défend de m'y exposer. Je te laisse le maître du parti que nous avons à prendre.

GILBERT *l'embrasse.*

Dans ce cas, ma chère Julienne, dès demain nous quittons cette maison pour n'y plus rentrer, et nous allons dans la ferme de ton père, nous mettre pour toujours à l'abri de la protection des grands seigneurs.

FIN DE LA PREMIÈRE ÉPOQUE.

SECONDE EPOQUE.

LA RÉVOLUTION.

PERSONNAGES

DANS LA SECONDE EPOQUE.

Le vicomte d'OLBREUSE.
Le duc de VERSAC, devenu prince de Richemont.
Le marquis de PRESSADE.
Le comte de CHARNENCEY.
Le commandeur de SOMBREVAL.
Le chevalier de GRANGEVAL.
Le conseiller BOUCHENCOUR.
M. de BEAUFORT.
Le grand bailli de NEWBOURG.
Mme. GILBERT.
La princesse douairière de RICHEMONT.
CECILE de wursbourg.
M. de LIVEROT.
M. de CHAMFLEURY.
ROSALIE, danseuse de l'opera.
Le docteur ALBANIS.

SECONDE ÉPOQUE.

LA RÉVOLUTION.

SCÈNE PREMIÈRE.

Le théâtre représente un cabinet d'étude meublé avec toute l'élégance d'un boudoir.

BEAUFORT, ROSALIE.

(Beaufort en robe de chambre est assis devant une table à thé ; Rosalie met son chapeau et sa pelisse devant un miroir de toilette.)

ROSALIE, *regardant la pendule.*

Déjà onze heures ! et je devais être à dix à la répétition du ballet nouveau ; je serai mise à l'amende.

BEAUFORT.

A qui la faute, ma chère belle ?

ROSALIE.

Pourquoi le demander, puisque vous le savez?
Mais ne craignez rien, je ne m'en vanterai pas.

BEAUFORT.

Surtout, Rosalie, n'en dites rien à nos amis du côté gauche; ils vous accuseraient d'être d'intelligence avec la cour, pour affaiblir mes moyens d'opposition.

ROSALIE.

Le reproche serait injuste, et pourtant mérité; car aussi, Beaufort, vous n'êtes pas raisonnable.

BEAUFORT, *se levant et allant à elle avec vivacité.*

Vrai Dieu! madame, peut-on vous aimer assez?

ROSALIE.

Je m'enfuis donc, pour ne pas achever de vous brouiller avec le côté gauche.

BEAUFORT.

A ce soir, dans votre loge, à moins pourtant que la séance ne se prolonge trop tard.

SCENE II.

BEAUFORT, seul.

C'est tout au plus, si j'aurai le temps de mettre mes notes en ordre. (*Il s'assied.*) Nos amis vont crier à la défection.

SCENE III.

BEAUFORT, LE DOCTEUR ALBANIS.

BEAUFORT.

Bonjour, mon cher docteur, quelles nouvelles apportez-vous ?

ALBANIS.

Commencez par me donner des vôtres : comment vous portez-vous ce matin ?

BEAUFORT.

J'ai encore eu la fièvre cette nuit.

ALBANIS.

Oui, elle vient de vous quitter ; je l'ai rencontrée au bas de l'escalier, en robe bleue, n'est-il pas vrai ? Prenez-y garde, Beaufort, cette fièvre là vous jouera un mauvais tour.

BEAUFORT.

C'est votre affaire, Albanis. N'êtes-vous pas le plus habile médecin de l'Europe ? N'êtes-vous pas, en cette qualité, chargé du soin de me faire vivre ? S'il m'arrive malheur, ce n'est pas à moi qu'on s'en prendra.

ALBANIS.

A qui donc, s'il vous plaît ? Sera-ce à la nature, qui vous a doué d'une constitution à l'épreuve du boulet ? Au médecin dont vous ne suivez pas les ordonnances ? à l'ami dont vous dédaignez les conseils ? Non, de par tous les diables ! Je vous déclare donc que s'il vous arrive de fausser compagnie avant l'heure et sans ma permission, je tiens tout prêt un rapport où je vous dénonce comme suicide, non-seulement à la France, à l'Europe, mais, qui plus est, au curé de votre paroisse.

BEAUFORT.

Barbare! vous ne voulez pas que je sois inhumé en terre sainte! voyez la perfidie!

ALBANIS.

Parlons sérieusement, mon cher Démosthènes, les forces d'Hercule ne résisteraient pas à la vie que vous menez ; vous vous épuisez de travail, de veilles, de plaisirs; votre estomac s'affaiblit chaque jour, et, je vous le répète, quand ce premier fonctionnaire vient à manquer, adieu la machine.

BEAUFORT.

Machine! machine! et qu'est-ce donc que

l'âme et le génie, que cet instinct d'immortalité que je sens en moi?...

ALBANIS.

Grande question! mon ami, mais qui n'est pas à l'ordre du jour.

BEAUFORT.

Vous m'en faites souvenir : l'ordre du jour. (*montrant ses papiers épars sur la table,*) *c'est le veto royal.* Quand vous êtes entré, j'achevais d'arranger mes notes pour le discours que je prononce aujourd'hui sur ce sujet à l'Assemblée nationale.

ALBANIS.

Je ne vous demande pas quelle opinion vous allez défendre.

BEAUFORT.

Celle de la monarchie; je suis pour le veto royal.

ALBANIS.

Vous, Beaufort! trahir la cause de la liberté!...

BEAUFORT.

Pensez-vous que la responsabilité des ministres, la permanence de l'Assemblée, le vote annuel de l'impôt n'offrent pas à la liberté des garanties suffisantes contre l'empiétement du pouvoir exécutif?

ALBANIS.

Mon ami, ceux qui vous jugeront le plus favorablement, diront que vous voulez échapper à l'accusation d'avoir pris part au mouvement du 5 octobre, et les autres qui croiront que vous avez peur, ne vous en poursuivront qu'avec plus d'acharnement.

BEAUFORT.

Je me moque des uns et des autres.

ALBANIS.

Vous ne savez donc pas qu'on a pris pour vous un de vos collègues, que l'on a vu pérorant dans un groupe sur la place d'Armes de Versailles?

BEAUFORT.

Tout ce que cela prouve, c'est que le cher collègue, que l'on a pris pour moi, est véhémentement soupçonné d'être fort laid, puisqu'il me ressemble... Quoi qu'il en soit, me voilà bien averti que j'ai désormais à lutter contre mes amis et contre mes ennemis ; mais vous me connaissez, Albanis : bouillant de patriotisme, de gloire et d'audace, je ferai face à tout, et si je ne meurs à la peine, j'arrêterai au but de la monarchie constitutionnelle, le char de la révolution... (*Regardant la pendule.*) Bientôt une heure, et mes chevaux ne sont pas mis !...

ALBANIS.

Ma voiture est en bas, et je puis vous conduire.

BEAUFORT, *rassemblant ses papiers.*

Partons : je vous parlerai en route de

l'invitation que j'ai reçue pour me rendre ce soir à l'hôtel de Richemont.

ALBANIS.

Vous allez défendre le véto, vous êtes invités aux conférences de la plus pure minorité royaliste ; en voilà plus qu'il n'en faut pour perdre votre popularité.

BEAUFORT.

Qu'importe ! au jeu de la politique comme au jeu d'échecs, il y a des pièces qu'il faut savoir perdre pour gagner la partie.

SCÈNE III.

MARIAGE ENTRE GENS DE QUALITÉ.

(Le théâtre représente un salon du palais de Richemont.)

LE VICOMTE D'OLBREUSE, LA PRINCESSE DOUAIRIÈRE DE RICHEMONT.

LE VICOMTE.

Eh quoi! princesse, vous avez pu consentir à un pareil mariage! un enfant de treize ans avec un homme de quarante-cinq! la noble orpheline qui vous est si chère avec un duc de Versac!

LA PRINCESSE.

Que pouvais-je faire? Ce mariage n'est-il pas une clause expresse du testament du prince mon époux? Et puisque son fils en demande impérieusement l'exécution....

LE VICOMTE.

Il ne s'agissait que de gagner du temps,

seulement quelques mois. Je vous le répète, avant un an, les événemens qui se préparent auraient rendu cette alliance impossible.

LA PRINCESSE.

Depuis que vous êtes membre des Etats-Généraux, vous ne croyez plus à rien, mon vieil ami.

LE VICOMTE.

Pardonnez-moi, madame, il y a deux choses dont je suis bien sûr : la première, c'est que le ciel a réalisé en vous la perfection humaine ; et la seconde, c'est que nous sommes à la veille d'un bouleversement général.

LA PRINCESSE.

Y gagnerons-nous quelque chose ? Vous m'avez dit cent fois, mon ami, qu'il fallait craindre de remuer le fond d'une nation.

LE VICOMTE.

Je le répète encore ; et j'ajoute que les

vices des grands ont commencé la révolution, et que les vices du peuple ne tarderont pas à l'achever.

LA PRINCESSE.

Quel triste avenir !.... Heureusement, mon cher d'Olbreuse, ni vous, ni moi, nous n'aurons rien à démêler avec lui.

LE VICOMTE.

Parlez pour moi, je le veux bien ; mais vous, mon adorable amie, vous dans la plénitude de la vie, dans la force de l'âge....

LA PRINCESSE.

Mes pressentimens ne m'ont jamais trompée, et quelque chose me dit....

LE VICOMTE.

Vos pressentimens n'ont pas le sens commun, et il y a de la barbarie à menacer un ami bien plus âgé que vous du malheur de vous survivre.

LA PRINCESSE.

Allons, ne vous fâchez pas, d'Olbreuse : je mourrai quinze jours après vous.

LE VICOMTE.

C'est tout ce qu'on vous demande, attendu que je suis décidé à vivre un siècle, ne fût-ce que pour vous faire enrager. Mais laissons ces vilaines idées, et revenons au mariage de Cécile; c'est bien la plus aimable petite créature....

LA PRINCESSE.

Elle est ici : cette bonne madame Gilbert, que j'ai prise à mon service, ainsi que son mari, depuis la mort du prince de Richemont, est allée, ce matin, la chercher à son couvent, et je suis étonnée qu'elle ne soit pas encore descendue.

LE VICOMTE.

Vous deviez à ce pauvre Gilbert un dédommagement des persécutions qu'il eut à souffrir de la part de ses premiers maîtres.

LA PRINCESSE.

Je n'ai pu leur rendre le bonheur. La faute où tomba Julienne se pardonne : elle ne s'oublie pas. Mais je les ai rapprochés, et l'honnête Gilbert tient compte à sa femme des vertus d'un autre âge dont elle offre aujourd'hui le modèle.

SCÈNE IV.

INGÉNUITÉ ET MALICE.

LES MÊMES, CÉCILE, MADAME GILBERT, femme de chambre.

(Cécile entre en courant et ses femmes la suivent.)

MADAME GILBERT.

Un moment encore, mademoiselle.

CÉCILE.

Non, c'est assez ; depuis une heure, vous m'arrachez les cheveux pour me rendre

plus belle, à ce que vous dites. Eh bien !
moi, je me trouve charmante comme je
suis, et j'ai hâte d'embrasser ma petite maman. (*Elle se jette dans les bras de la princesse.*)

LA PRINCESSE.

(*A madame Gilbert.*) Laissez-la; je vous
la renverrai tout à l'heure pour achever sa
toilette. (*Les femmes sortent.*) Eh bien !
Cécile, tu es donc bien contente ?

CÉCILE.

Oui, vraiment; j'avais tant d'envie de me
marier : c'est pour cela qu'on me fait sortir
du couvent.

LA PRINCESSE.

Où tu rentreras ce soir après la cérémonie.

CÉCILE.

Oh! pour cela non, petite grand'maman.
Je sais fort bien ce que c'est que le mariage,

et ce n'est pas à moi que l'on fera accroire que l'on va coucher au couvent le jour de ses noces. J'ai vu se marier plusieurs de mes compagnes.

LA PRINCESSE.

Elles étaient plus âgées que toi, mon enfant.

CÉCILE.

De quatre ou cinq ans peut-être; mais qu'est-ce que cela fait, si je suis aussi raisonnable?

LA PRINCESSE.

Que veux-tu, ma Cécile, c'est l'usage; on ne peut habiter avec son mari que lorsqu'on a fini son éducation.

CECILE.

Pourquoi donc me marier avant?

LE VICOMTE.

Pour des raisons qu'on te dira plus tard.

CECILE.

Et que j'apprendrai toute seule quand je me donnerai la peine d'y réfléchir.

LA PRINCESSE.

Cécile, il y a des connaissances qui ne sont pas de ton âge.

CECILE.

Je vous assure, ma chère petite grand'mère, que nous autres petites filles, comme on nous appelle, nous faisons semblant d'apprendre beaucoup de choses que nous savions déjà. Par exemple, j'ai eu beau le demander à tout le monde, personne n'a voulu me dire ce que c'était que l'amour!... eh bien! je l'ai deviné (*bas à la princesse*); je suis sûre que c'est quelque chose que je sens pour mon cousin Grangeval.

LA PRINCESSE.

Cela serait très-mal, Cécile; on ne doit avoir de l'amour que pour son mari.

CÉCILE.

Ce n'est donc pas lui que j'épouse?

LA PRINCESSE.

Non, mademoiselle.

CÉCILE.

C'est différent : je n'aurais pas dit cela si j'avais su... Mais où donc est-il ce mari? (*A d'Olbreuse.*) C'est monsieur, peut-être?....

LE VICOMTE.

Non; et j'en serais fâché pour vous, mademoiselle; ce mariage-là ne serait pourtant que risible.

CÉCILE.

Est-ce que je me marierai sans voir le monsieur?

LA PRINCESSE.

Non, ma chère; il va venir et tu n'as pas encore achevé ta toilette. Suis-moi; je veux y assister.

LE VICOMTE.

Moi, je reste ici pour y attendre monsieur de Beaufort qui m'a demandé un rendez-vous.

LA PRINCESSE.

Dans les circonstances actuelles, sa visite ne cacherait-elle pas quelque mystère politique?

LE VICOMTE.

Je le crois.... (*La princesse sort avec Cécile*).

SCÈNE V.

LE VICOMTE, seul.

Que me veut-il?... Quoi qu'on en disc à la cour, ce renégat de la noblesse est aujourd'hui l'homme de la France; et peut-être déjà le sort de la monarchie est entre ses mains...

SCÈNE VI.

SAGESSE ET POLITIQUE.

D'OLBREUSE, BEAUFORT.

BEAUFORT.

Dans un autre temps, ma visite pourrait vous étonner, monsieur; les principes absolus que je professe, et les hautes vertus qui vous distinguent, semblent nous éloigner; mais il est un vœu commun qui nous rapproche, et sur lequel je fonde des espérances que vous ne tromperez pas. Nous aimons tous deux notre pays; il ne peut être sauvé que par l'union de la force et de la sagesse : voulez-vous nous aider dans un si noble dessein?...

LE VICOMTE.

Je suis déjà bien vieux, monsieur de Beaufort, pour vous suivre dans une carrière où vous vous lancez peut-être un peu à l'étoudi; d'ailleurs, à mon âge, le bien est toujours le mieux.

BEAUFORT.

Le bien! c'est la liberté! n'est-ce pas le but où nous tendons l'un et l'autre?...

LE VICOMTE.

Vous l'avez déjà dépassé, et peut-être n'êtes-vous déjà plus le maître d'arrêter l'impulsion violente que vous avez donné aux esprits.

BEAUFORT.

Vous vous trompez, monsieur d'Olbreuse, ce n'est pas moi, ce sont les hommes du privilége qui ont provoqué cette lutte terrible... Si je n'ai pu la prévenir, je puis encore l'arrêter; mais j'ai besoin d'un appui tel que vous près de ce trône, que menacent également ses amis et ses ennemis.

LE VICOMTE.

Pour ne pas être avec vous en reste de franchise, je vous dirai, monsieur de Beaufort, que peu d'hommes, dans leur vie privée, ont donné plus de prise que vous à la haine et à la calomnie ; mais que peu d'hommes publics ont fait preuve d'une âme aussi forte et d'un aussi grand caractère : c'est bien moins *le libertin de qualité* que le tribun factieux que je redoute en vous. Dans la crise où nous nous trouvons, vous ne me paraissez pas assez convaincu que l'intétêt même de la société, que vous affectez d'appeler le peuple, veut que le pouvoir soit assez fort pour se faire craindre.

BEAUFORT.

Ah! monsieur, qu'il soit juste et qu'on l'aime : la crainte exclut l'amour, et de tous les règnes le plus court est celui de la peur.

LE VICOMTE.

Comme de toutes les tyrannies la plus intolérable est celle de la multitude : remarquez que c'est par esprit de conciliation que je n'ai point dit de la populace. Allons monsieur de Beaufort, croyez-en un homme plus désintéressé que vous dans la question qui s'agite. La gloire de la tribune a déjà couvert les erreurs de votre jeunesse ; arrivé à l'âge mur, vous pouvez acquérir des titres à une renommée immortelle, en replaçant ce trône que vous avez ébranlé sur ses véritables bases, la monarchie et la liberté.

BEAUFORT.

La démarche que je fais près de vous n'a pas d'autre objet ; consentez seulement à devenir médiateur entre nous et nos adversaires. Je ne vous le cache pas, le moment d'une rupture violente est arrivé ; la réunion de ce soir a pour objet de prendre un grand parti, et nous vous avons choisi pour arbitre.

LE VICOMTE.

Je ne m'y refuse pas ; mais de quoi serviront mes efforts pour concilier des hommes et des choses inconciliables? Les uns veulent tout détruire, les autres veulent tout conserver : le moyen de s'entendre jamais !

BEAUFORT.

Vous jugerez du moins sur qui devra tomber la plus grande part de responsabilité dans les événemens qui se préparent.

SCÈNE VII.

LES MÊMES, LE PRINCE DE RICHEMONT.

LE PRINCE.

Monsieur de Beaufort ici, à cette heure!... la rencontre est au moins singulière !

BEAUFORT.

Cependant elle n'est pas imprévue ; vous savez le motif qui m'amène ?

LE PRINCE.

Oui, j'ai entendu parler d'une réunion de gentilshommes... mais je ne pensais pas que le coryphée du tiers-état nous fît l'honneur d'y assister.

BEAUFORT.

Vous me croyez donc plus d'orgueil que je n'en ai.

LE PRINCE.

Je ne sais pas au juste jusqu'où va la modestie de monsieur le ci-devant comte de Beaufort.

BEAUFORT.

Jusqu'à dédaigner l'insulte...

LE PRINCE.

Si c'est encore là une espèce de courage, il faut convenir que personne ne l'a poussé plus loin que vous.

BEAUFORT.

J'ai déjà donné la preuve que ce courage là me manquait quelquefois, et je vous prie de réfléchir que je pourrais être tenté de la renouveler aujourd'hui.

D'OLBREUSE.

Eh! messieurs, ajournez à d'autres temps ces folles provocations : la querelle de l'honneur national ne se vide pas en champ clos, mais en bataille rangée.

BEAUFORT

Prince, je me trouverai cette nuit à la conférence où j'ai été convoqué chez vous par un auguste personnage; libre à vous de croire que l'avis que je chercherai à y faire prévaloir est encore chez moi l'effet d'un excès de prudence (*Il sort.*)

SCÈNE VII.

DOUBLE FOLIE.

D'OLBREUSE, LE PRINCE.

LE PRINCE.

Eh bien! mon cher mentor, les voilà donc venus, ces jours de pleurs et de grincemens de dents que vous nous annoncez depuis un demi-siècle!... Beaufort serait-il la trompette de votre jugement dernier?

D'OLBREUSE.

J'ai assigné l'accomplissement de mes prophéties sur la France à l'époque où son gouvernement aurait épuisé toutes les combinaisons du despotisme et de la faiblesse : nous approchons du terme; mais enfin nous n'y sommes pas encore.

LE PRINCE.

Ainsi, vous nous donnez quelques jours de répit.

D'OLBREUSE.

Au gouvernement, mais non pas à vous, mon cher prince, puisque vous allez, aujourd'hui même, consommer votre ruine par les deux plus insignes folies qu'un homme puisse faire à votre âge, et dans les circonstances où nous nous trouvons.

LE PRINCE.

Je ne les avais donc pas épuisées toutes, comme vous me le répétiez depuis si longtemps?

D'OLBREUSE.

Je me trompais; mais aussi, comment supposer que vous épouseriez une enfant de douze ans, et qu'au moment où vous songez à quitter la France, vous laisseriez votre jeune femme à la garde de votre vieille maîtresse.

LE PRINCE.

Tout cela est pourtant bien raisonnable : d'abord, je me marie par piété filiale; avec son testament, mon très-honoré père a dicté mon contrat de mariage, et je ne vois pas ce que j'aurais de mieux à faire, par le temps qui court, que d'épouser une fille d'un sang presque royal, qui m'apporte en dot deux ou trois millions. Quant à mon projet de placer auprès d'elle une ancienne amie de ma famille, une femme, à laquelle ses ennemis même accordent un esprit distingué, des sentimens religieux et une raison supérieure, j'ai de la peine à m'expliquer que vous puissiez m'en faire un reproche; car enfin, s'il manque à madame de Misarette quelques-unes des vertus de son sexe, vous ne nierez pas qu'elle n'ait plusieurs qualités du nôtre.

D'OLBREUSE.

Très mauvaise compensation, à mon

avis du moins; je n'aime que les sexes prononcés.

LE PRINCE.

Je vous assure qu'on a beaucoup calomnié ses mœurs.

D'OLBREUSE.

C'est un secret de famille, et vous devez le connaître mieux qu'un autre; c'est pour cela qu'à votre place, avant de lui confier celle à qui vous allez donner le nom d'épouse, j'aurais voulu consulter l'opinion publique; elle vous aurait dit que, lorsque l'innocence n'est gardée que par un vice, il est bien aisé de corrompre la sentinelle.

LE PRINCE.

Que dois-je conclure de tout cela? que votre opinon publique ne traite pas plus favorablement madame de Misarette et moi, qu'elle n'a jadis traité mon père; or, vous savez le prix qu'il y mettait.

D'OLBREUSE.

Prince, ne vous y trompez pas; l'opinion publique ne partage pas également sa défaveur entre vous deux. Votre père ne dévoua pas sa vie entière au culte des plaisirs; la gloire y trouva sa place : tout concourut à faire du prince de Richemont l'homme à la mode par excellence; mais de beaux faits d'armes, de grands services rendus à l'état avaient illustré sa jeunesse.

LE PRINCE.

Eh bien! monsieur, je finirai par où mon père a commencé : le champ d'honneur est le tribunal où les hommes comme moi appellent des arrêts de cette opinion populaire qui n'est hostile qu'à ceux qui la craignent.

SCÈNE VIII.

LES MÊMES, LE CHEVALIER DE GRANGEVAL, LE COMTE DE CHARNENCEY, LE MARQUIS DE PRESSADES, BOUCHENCOUR, LE GRAND BAILLY DE WURSBOURG.

LE PRINCE.

Messieurs, je ne suis pas plus avancé que vous : je n'ai pas encore vu ma fiancée. Il est vrai que pour un mariage comme celui-là, ce qu'il y a de moins pressant c'est la rencontre des deux époux.

LE MARQUIS, *bas au prince.*

J'ai vu toute la synagogue, et je n'ai pu en tirer que trois mille louis en écus.

LE PRINCE, *bas au marquis.*

C'est tout autant qu'il en faut pour une promenade de quelques mois.

GRANGEVAL, *à part à d'Olbreuse.*

Vous m'aviez fait espérer que ce mariage ne se ferait pas.

D'OLBREUSE.

Que voulez-vous, mon jeune ami ! je m'imaginais que l'absurde avait des bornes; j'y serai toujours pris.

SCÈNE IX.

LA FIANCÉE DE DOUZE ANS.

LES MÊMES, LA PRINCESSE, CÉCILE.

LE PRINCE, *allant au devant de Cécile.*

Je veux, du moins, être le premier à saluer ma jeune fiancée du titre de princesse.

CÉCILE, *à part à la princesse.*

Est-ce que c'est lui ?

LA PRINCESSE, *à part à Cécile.*

Oui.

CECILE.

Comment! mon grand-oncle, c'est vous qui m'épousez?

LE PRINCE.

Cela vous fait grand plaisir, n'est-il pas vrai?

CECILE.

Non, vraiment; cela m'est égal.

LE PRINCE, *à part à Pressades.*

Eh bien! voilà un petit compliment de bon augure.

LE MARQUIS.

Il est franc, celui-là.... Ne vous y habituez pas.

LE GRAND BAILLI, *de Wursbourg*.

Cécile de Wursbourg, monsieur le duc de Versac, qui prend dès ce jour le titre de prince de Richemont, est l'époux que vous a choisi votre famille maternelle, dont je suis ici le seul représentant.

CECILE, *au prince en lui faisant la révérence.*

Monsieur, vous me faites beaucoup d'honneur.

LE PRINCE.

J'aimerais mieux que cela vous fît beaucoup de plaisir; mais, à votre âge, le cœur n'y voit pas encore de différence.

CECILE.

Ah! pardonnez-moi, mon grand-oncle; si j'étais la maîtresse de me choisir un mari, j'en aimerais mieux un autre.

LA PRINCESSE.

Vous oubliez, Cécile....

CECILE.

C'est vrai, petite maman. (*Au prince.*) On doit aimer son mari; ainsi, monsieur, puisque je vous épouse, il faudra bien que je vous aime aussi.

LE PRINCE, *riant.*

Comment, aussi! mademoiselle, en auriez-vous déjà aimé quelque autre? A quel âge faudra-t-il donc prendre une femme pour arriver le premier?

GRANGEVAL.

Me permettrez-vous, madame, de vous féliciter?....

CECILE.

Vous aussi, mon cousin! Vous ne savez donc pas que je ne pourrai plus vous aimer?

(*Tout le monde rit, excepté Grangeval, qui s'éloigne avec embarras.*)

LE PRINCE, *à Cécile*.

Ah! c'est le petit cousin.... Je m'en doutais.

LE MARQUIS.

Et moi aussi, mon prince.

LA PRINCESSE.

Laissons ces enfantillages, et songeons à la cérémonie.

LE GRAND BAILLI, *Bouchencour en entrant vient de lui parler à l'oreille.*

Princesse, nous pouvons descendre à la chapelle, où monseigneur l'archevêque nous attend pour la cérémonie.

BOUCHENCOUR, *à Pressades à part.*

Madame de Misarette est déjà en prières.

(En sortant le grand bailli donne la main à Cécile, le prince à la princesse, d'Olbreuse fait quelques pas avec Grangeval, qu'il a l'air de consoler.)

SCENE X.

SOTTISE ET BASSESSE.

D'OLBREUSE, PRESSADES, BOUCHENCOUR.

PRESSADES.

Je vois que monsieur d'Olbreuse n'est pas plus pressé que moi d'assister à la cérémonie nuptiale.

D'OLBREUSE.

Non, monsieur, je ne me soucie point d'entendre prendre le ciel à témoin des sottises qu'on fait sur la terre.

BOUCHENCOUR.

Monsieur le vicomte aimerait mieux qu'on ne se mariât pas; je suis de son avis.

D'OLBREUSE, *regardant Bouchencour avec dédain.*

Cela pourrait bien me déterminer à en changer.

BOUCHENCOUR, *au marquis.*

Pourquoi donc cela?

LE MARQUIS, *à part à Bouchencour.*

C'est que... voyez-vous, mon gros conseiller, je soupçonne que le vicomte n'a pas pour vous un grand fond d'estime...

BOUCHENCOUR.

Si je savais cela!..

D'OLBREUSE, *à part à Pressades.*

Ne croyez-vous pas, monsieur de Pressades, que dans un jour comme celui-ci, du moins, on aurait dû nous épargner la présence d'une pareille espèce?

LE MARQUIS, *à part à d'Olbreuse.*

C'est un homme inévitable partout où l'on donne un dîner de vingt couverts.

D'OLBREUSE, *à part à Pressades.*

Au milieu de tous ses vices, sa gourmandise peut passer pour une vertu. Vil complaisant de l'homme riche auquel il s'attache, il cherche par ses bouffonneries à donner le change à l'indignation publique qui le poursuit, et à désarmer la haine par le ridicule :

BOUCHENCOUR.

Vous parlez de moi, n'est-il pas vrai?

LE MARQUIS.

Le vicomte me demandait qui vous étiez, et j'essayais de le lui faire comprendre.

BOUCHENCOUR.

Il me semble pourtant que le baron de Bouchencour, conseiller actuel du feu roi de Pologne, est assez connu pour n'avoir pas besoin de décliner son nom et ses titres.

D'OLBREUSE.

Monsieur, j'ai une mémoire détestable, je vous en préviens; et je vous verrais dix fois par jour que je ne vous reconnaîtrais jamais. (*Il sort*).

BOUCHENCOUR, *au marquis*.

Ne pensez-vous pas qu'il y a encore là-dessous quelque impertinence?

LE MARQUIS.

Je n'en serais pas étonné.

BOUCHENCOUR.

Il faut que je m'en explique avec lui.

LE MARQUIS.

Fort bien; mais ne comptez pas trop sur

son âge. (*Bouchencour sort.*) La comtesse m'avait bien promis de venir se recorder avec moi pendant la cérémonie; le temps presse, nous n'aurons dans le reste du jour que ce moment pour nous expliquer...

SCÈNE XI.

LE THÈME EN DEUX FAÇONS.

LE MARQUIS DE PRESSADES, LA COMTESSE DE MISARETTE.

LE MARQUIS.

Arrivez donc, madame; j'ai connu le temps où vous ne vous faisiez pas attendre.

LA COMTESSE.

J'étais pourtant plus sûre de ne pas arriver trop tard. Mais point de verbiage, et allons au fait : dans quelques heures la résolution que chacun de nous va prendre décidera probablement de son sort. A quel plan vous arrêtez-vous?

LE MARQUIS.

A celui que vous-même avez tracé. J'appuierai le voyage pour Coblentz, et partirai avec le prince : une fois de l'autre côté, je verrai la tournure que prendront les affaires, et pour peu qu'elles se compliquent de manière à m'en faire craindre l'issue pour la cause de la noblesse, je rentre en France, et nous verrons ensemble quel parti nous pourrons tirer des hommes et des événemens nouveaux qui se présenteront.

LA COMTESSE.

Rien de plus sage; nous faisons ainsi notre thême en deux façons; vous aurez soin de mes intértês là-bas; je surveillerai les vôtres ici.

LE MARQUIS.

Nous nous connaissons de si longue main,

ma chère comtesse, que le passé pourrait nous mettre en défiance l'un de l'autre; mais cette fois les intérêts qui nous unissent sont tellement positifs, tellement inséparables, que l'égoïsme lui-même est pour nous le garant des traités. Quand nous nous aimions, nous pouvions trouver quelque plaisir à nous tromper.

LA COMTESSE.

Grâce au ciel et au temps, nous voilà retranchés dans cette estime réciproque qui nous fait un devoir de la fidélité. Il est bien convenu que vous suivrez le prince à Coblentz, et que moi, à compter de ce soir, j'enlève sa jeune femme à la surveillance de la princesse, en m'enfermant dans un cloître avec la petite. Une correspondance dont vous avez le chiffre, réglera pas à pas notre marche à deux cents lieues l'un de l'autre, et préviendra toute déviation.

LE MARQUIS.

Vous êtes un ange d'intrigue, et je m'abandonne à vous comme à ma destinée.

GILBERT, *entrant*.

J'ai l'honneur de prévenir madame la comtesse et monsieur le marquis que l'on va se mettre à table, et que j'ai l'ordre de préparer cette galerie pour recevoir une assemblée nombreuse.

LA COMTESSE.

Tâchez de vous placer à table à côté de moi? (*Ils sortent.*)

SCÈNE XII.

GILBERT, UN HUISSIER DE LA CHAMBRE.

(*Des laquais allument des lustres et préparent la salle.*)

GILBERT.

Pauvre chevalier!... il est aisé de voir que ce mariage le contrarie; et la petite personne, qui ne l'a pas perdu de vue un seul moment pendant la cérémonie!...

L'HUISSIER.

Concevez-vous rien à ma liste? monsieur Gilbert : des princes, des ducs, des marquis, des ambassadeurs ; et à côté de cela des médecins, des avocats, des banquiers, jusqu'à des marchands, mon cher monsieur. Je commence à croire qu'il se passe ici des choses extraordinaires?

GILBERT.

Oui, mon ami, cela commence.

L'HUISSIER.

Comment cela finira-t-il ?

GILBERT.

Dieu le sait peut-être.

UN LAQUAIS.

Il disent que bientôt tout le monde sera maître ; qui donc servirons-nous ?

GILBERT.

Vous vous servirez vous-même !

L'HUISSIER.

A propos, vous n'oublierez pas, monsieur Gilbert, que toute la haute livrée du faubourg Saint-Germain se rassemble cette nuit au club de la rue de Belle-Chasse : j'ai reçu mon invitation; avez-vous reçu la vôtre!

GILBERT.

Oui, mais je n'irai pas : avant de décider si l'on suivra ses maîtres, il est bon de savoir le parti qu'ils prendront, et ce n'est pas au club de la livrée qu'il faut aller pour s'en instruire. On vient. (*Aux laquais.*) Retirez-vous.

L'HUISSIER.

Je reprends mon poste.

SCÈNE XIII.

LE PARTI LE PLUS SUR, ET LE PARTI LE PLUS GAI.

LIVROT, CHAMFLEURY.

LIVROT.

Il n'y a encore personne ; je suis content que nous soyons arrivés les premiers ; je pourrai te faire répéter ton rôle.

CHAMFLEURY.

Je le savais par cœur avant de l'apprendre ; c'est le même que tu me fais jouer depuis deux ans ; tu diriges le siége, et je monte à l'assaut.

LIVROT.

Chamfleury,

Vous êtes un ingrat; vous le fûtes toujours.

N'est-il pas évident, par exemple, que dans cette circonstance je me réserve la tâche la plus périlleuse. Tandis que je me voue à l'exil, que je me condamne à toutes les privations, à toutes les chances d'une guerre inévitable, je te laisse tranquille et joyeux au pays de la bonne chère, du vin de Champagne et des chansons.

CHAMFLEURY.

Hier encore tu me disais que la France était menacée du triple fléau de la famine, de la guerre civile et de la liberté.

LIVROT.

Oui, mais dans quelques mois; jusque-là, tu auras le temps d'y avoir vingt bonnes fortunes, d'y faire vingt bons dîners, et d'y contracter vingt mille écus de dettes. Après quoi, sauve qui peut! Tu viendras nous rejoindre.

CHAMFLEURY.

Eh bien donc! vogue la galère! Après tout, j'aime mieux courir le risque de mourir en riant, au milieu des Français, que de crever d'ennui chez tes Allemands....

Attends donc! il me vient un scrupule : madame de Glaneuil m'a déjà déclaré qu'elle voulait partir; comment la déciderons-nous à s'éloigner sans moi? Tu la connais, elle n'arriverait pas vivante à la frontière.

LIVROT.

Sois tranquille, je me charge de lever cette difficulté.

CHAMFLEURY.

Tu n'y parviendras pas.

LIVROT.

Si fait.

CHAMFLEURY.

Je te mets au défi de la faire consentir à se séparer de moi!

LIVROT.

A quoi sert donc, mon gros garçon, tout l'esprit dont je t'ai bourré, si tu es encore à ne pas savoir que la constance n'est, pour

Aglaé, comme pour toutes nos femmes de la cour, que l'intervalle qui sépare deux caprices.

CHAMFLEURY.

Tu la crois coquette ?...

LIVROT.

Mieux que cela! mon ami, mieux que cela!

CHAMFLEURY.

Ne voilà-t-il pas dix-huit mois que dure notre liaison ?

LIVROT.

Raison de plus pour en finir. Vois jusqu'où va ma prévoyance en amitié : je savais que cet arrangement dont vous étiez également fatigués tous les deux pouvait nuire à nos projets, non-seulement je me suis empressé de le rompre, mais j'en ai pris sur moi toutes les charges; je sors de chez la dame, et nous sommes convenus de partir ensemble.

CHAMFLEURY.

J'en suis ravi ; mais c'est un procédé dont je demanderais raison à tout autre.

LIVROT.

La bonne folie ! Voici venir nos conjurés.

SCÈNE XIV.

LES MÊMES, LE COMTE DE CHARNENCEY, BELFORT, BOUCHENCOUR, PLUSIEURS PERSONNAGES MUETS.

CHAMFLEURY, *à part à Livrot.*

A l'exception de Charnencey, je veux être pendu si j'en connais pas un.

LIVROT.

Pas même ce minotaure à tête de lion !

CHAMFLEURY.

Mais vraiment, c'est Beaufort, le roi des halles, le Démosthènes de la canaille ! Le roi voudrait-il nous donner cette nuit une seconde représentation de la comédie du Manége?

SCENE XV.

L'ÉMIGRATION.

LES MÊMES, D'OLBREUSE, LE MARQUIS DE PRES-
SADES, LE CHEVALIER DE FLERS, LE COMTE DE
SEMUR, M. DE LESCASE, GRANGEVAL, BOUCHEN-
COUR, LE COMMANDEUR DE SOMBREVAL.

LE PRINCE.

Mille pardons, messieurs, j'arrive un peu tard ; mais vous excuserez un homme qui vient de se marier, et qui vous consacre la première nuit de ses noces. Si je ne craignais d'affaiblir mon excuse et de diminuer la grandeur du sacrifice, j'ajouterais que je viens de reconduire ma femme, non pas tout-à-fait en nourrice, mais en pension. Maintenant, messieurs, je cède la parole à monsieur le vicomte d'Olbreuse, notre doyen d'âge, que vous êtes convenus de prendre pour arbitre dans la grande question qui partage en ce moment la noblesse et les membres du tiers-état qui sont dignes d'en faire partie. (*Tout le monde s'assied.*)

D'OLBREUSE.

Vous connaissez, messieurs, l'objet de cette réunion ; ainsi ma tâche se borne à recueillir les voix sur cette double proposition : dans ce moment de crise politique, devons-nous ou non quitter la France ?

LE MARQUIS.

Sans prétendre influencer personne, je me déclare pour l'affirmative. Du jour où le tiers-état a pris place sur les mêmes bancs que la noblesse, dans l'assemblée que monsieur (*en montrant Beaufort*) appelle nationale, la monarchie a cessé d'exister, et ses nobles soutiens ne doivent pas sanctionner par leur présence la révolte de cette nouvelle Jacquerie. Je pars.

LE PRINCE.

Le marquis de Pressades sera suivi par tout ce qui porte un cœur de gentilhomme. Je déclare que, cette nuit même, je me mets en route pour rejoindre, de l'autre côté du Rhin, les augustes chefs qui nous y ont précédés.

LE CHEVALIER DE FLERS.

Quant à moi, messieurs, je ne suis pas homme à perdre l'occasion de me remettre en route. La fée qui a présidé à ma naissance a prédit que je mourrais sur les grands chemins : je ne veux pas faire mentir ma marraine. Je vais donc encore une fois battre la campagne; mais afin qu'on ne prenne pas le change sur le véritable motif de ma détermination, je dois dire que la raison politique n'y entre pour rien. Je m'en vais, sans préférence pour ceux que j'accompagne, comme sans humeur contre ceux qui restent. Je ne remplis pas un devoir, je cède à un instinct. Faut-il y mettre plus de franchise encore ? Je vous dirai que je suis assez philosophe pour trouver tout simple ce qui se passe en ce moment en France. Au fait, de quoi s'agit-il ? Las de danser sous le bâton, l'ours populaire est retombé sur ses quatre pattes, et ne veut plus sauter pour le roi ; le maître se fâche et lève son gourdin, l'ours grogne et montre les dents; je ne vois là qu'un spectacle plus divertissant que l'autre. Je n'aurais pas été fâché d'en voir la fin.

LESCASE.

En ma qualité d'acteur de ce grand drame politique, où monsieur le chevalier de Flers ne voit qu'un spectacle divertissant, je crois pouvoir assurer que le dénoûment sera terrible, et c'est pour cela que je suis résolu à rester en scène. Une autre considération m'arrête : le roi m'a confié un régiment ; l'abandonner, serait me rendre coupable de désertion.

D'OLBREUSE.

Vous me pardonnerez, messieurs, si je fais entrer une considération diplomatique dans l'avis que j'énonce, *on se souvient toujours de son premier métier*. Quel est le but de l'émigration que l'on propose? De protester contre la violence faite au roi dans l'exercice de sa puissance; d'armer contre la révolution les gouvernemens étrangers, et, avec leur secours, de rentrer en vainqueur dans cette France d'où la liberté vous chasse. Ce n'est pas le moment d'examiner s'il n'entre pas dans ce projet plus d'orgueil, ou, si l'on veut, plus d'honneur que de véritable attachement à la personne royale; il s'agit d'un fait et non plus d'un droit ou d'un sentiment; c'est à ce point de vue que je me place. Vous trouverez, je n'en doute pas, tous les cabinets de l'Europe, endoctrinés par celui de Saint-James, disposés à profiter de l'occasion que vous allez leur offrir d'exaspérer les factions, d'allumer parmi vous la guerre civile, et, en dernier résultat, de compromettre le sort de la monarchie, peut-être même la vie du monarque. Je vous en préviens, messieurs, tels sont les seuls succès auxquels la coalition étrangère vous permettra de prétendre. Trouvez bon que je refuse de m'associer à de si cruelles espérances.

BEAUFORT.

En me rendant à cette conférence...

TOUS.

Écoutez!... écoutez!...

BEAUFORT.

En me rendant à cette conférence, où les plus modérés d'entre vous paraissent me voir avec surprise, je remplis les vœux du trône, et je donne à l'ordre auquel je tiens par ma naissance, une dernière preuve de l'intérêt que je lui porte. J'ai pris parti pour cette révolution où monsieur de Pressades s'obstine à ne voir qu'une révolte; elle était inévitable, et, sans chercher à les expliquer autrement que par la nécessité, je prends les faits tels qu'ils se présentent aux yeux les plus prévenus, et je demande s'ils sont de nature à justifier l'émigration des nobles. Vous croyez le trône et le monarque en danger ; vous vous en déclarez les champions, et vous prenez la fuite au jour du péril ! Songez au nom que donnera l'histoire à votre désertion. Je me borne à cette simple observation.

CHAMPFLEURY.

L'histoire dira, comme à son ordinaire, tout ce que l'événement lui dictera; elle appellera monsieur de Beaufort un scélérat ou un grand homme, suivant qu'il échouera ou qu'il réussira dans son entreprise. C'est donc par d'autres considérations que je me décide à rester. A tout prendre, la France, en dépit de toutes les prétentailles constitutionnelles dont on l'affuble, est encore le seul pays habitable, et je ne la quitterai, moi, que quand la vigne ne croîtra plus dans la Champagne, quand les femmes m'en chasseront, et quand l'Opéra sera fermé.

D'OLBREUSE.

En effet, comment renoncer à la vie délicieuse que les gens comme il faut y mènent? Après avoir passé les matinées au Jeu-de-Paume, ne vont-ils pas le soir disputer à leurs valets de chambre des bonnes fortunes de Wauxhall? En sortant de là, ne vont-ils pas souper chez mademoiselle Duthé ou Thévenin? Pourraient-ils trouver ailleurs une aussi bonne compagnie et des plaisirs aussi délicats?

GRANGEVAL.

Sans me décider précisément par les mêmes motifs que monsieur de Champfleuri, je suis également résolu à ne point sortir de France. Je n'émigre point, parce que j'aime la liberté, parce que l'étranger ne peut manquer, comme vous l'a dit monsieur de Sémur, d'intervenir dans nos querelles, et que la défense de la patrie est pour moi le premier des devoirs.

LE COMMANDEUR.

Jeune homme, la patrie est un mot, et l'état un fait : c'est l'état que l'on attaque; c'est à son secours que nous devons voler.

BEAUFORT.

Hors de France, où sont vos moyens?

LE PRINCE.

Nous les emportons avec nous : la noblesse est une arme brillante.

BEAUFORT.

Eh! non, monsieur, ce n'est déjà plus qu'un instrument rouillé.

LIVROT.

Nous saurons bien lui rendre son ancien lustre, et nous...

LE COMTE DE CHARNENCEY.

Permettez-moi de vous dire, mon cher monsieur Livrot, que ce pluriel dans votre bouche me paraît bien singulier.

LIVROT.

Ma foi, mon cher monsieur, vous conviendrez du moins que, si la noblesse suppose un peu d'esprit et de raison, il y a beaucoup de comtes qui seraient plus embarrassés que moi de faire leurs preuves.

LE PRINCE, *à Charnencey*.

En vérité, mon cher comte, vous prenez bien mal votre temps pour ouvrir une pareille discussion : qu'importe la date des lettres de noblesse de monsieur de Livrot et de plusieurs de ces messieurs ! notre ordre devrait les revendiquer, si, par hasard, ils ne lui apartenaient pas.

LIVROT.

Vous oubliez trop souvent, messieurs les

gentilshommes, que des souvenirs ne sont plus des droits.

CHAMPFLEURY.

Je remarque que monsieur le conseiller actuel du feu roi de Pologne, ne s'est point encore prononcé; son silence, en pareil cas, est une calamité publique, et je le somme, au nom de la France entière, de nous donner son avis.

BOUCHENCOUR.

Eh bien! messieurs, je vais sur tout ceci vous dire ma façon de penser.

LIVROT.

Ne pourriez-vous pas, mon cher Bouchencour, nous dire tout uniment votre pensée, et nous en épargner la façon ? (*On rit.*)

BOUCHENCOUR.

Qu'est-ce que cela signifie, je vous le demande?

CHAMPFLEURY.

Comment! vous ne devinez pas?

BOUCHENCOUR.

Non, le diable m'emporte!

LIVROT.

Eh bien! riez comme ces messieurs, et vous aurez l'air d'avoir compris.

BOUCHENCOUR, *riant.*

Que je suis bête!

LE COMTE.

C'est cela même...

BOUCHENCOUR.

Je disais donc, pour parler sans façon (*il rit*), que, puisque le prince s'en va, que tous les gens comme il faut s'en vont, il est indispensable que je m'en aille.

LE COMMANDEUR.

Je ne suis arrêté moi, que par une considération, je ne puis emporter mes biens avec moi!

LIVROT.

Où serait la nécessité? N'avez-vous pas assez d'argent comptant pour suffire à vos dépenses, et même aux nôtres, pendant la promenade militaire que nous allons faire à Coblentz, avant de venir châtier les rebelles.

LE COMMANDEUR.

Parbleu! vous avez raison : je laisse ici mon intendant; je fais dresser un état des lieux, et, à mon retour, si je trouve un meuble de moins dans mon hôtel, un arbre coupé dans mes forêts, je fais pendre sans miséricorde le peuple souverain. (*On rit aux éclats.*)

D'OLBREUSE.

Vous avez grand tort de rire, messieurs : la menace du noble commandeur n'est guère plus extravagante que les vôtres; mais c'est à l'expérience à vous en convaincre; de quoi serviraient en ce moment mes conseils? Votre parti est pris. Laisser prendre aux choses une direction dont on ne peut les détourner : c'est se résigner, ce n'est pas consentir. Partez donc, messieurs; allez remplir votre destinée : la mienne est de prévoir de grands malheurs des deux côtés, et de ne pouvoir indiquer à mes amis que le choix des plus honorables. Je reste.

GRANGEVAL ET QUELQUES AMIS.

Nous restons.

LE PRINCE ET LES SIENS.

Nous partons.

D'OLBREUSE, *à ceux-ci*.

Adieu, messieurs.

LE PRINCE.

Au revoir, vicomte d'Olbreuse.

D'OLBREUSE.

Vous croyez donc que je vivrai long temps!!

FIN DE LA SECONDE ÉPOQUE.

TROISIEME EPOQUE.

LA REPUBLIQUE.

PERSONNAGES

NOUVEAUX

DANS LA TROISIÈME ÉPOQUE.

PRESSADES, sous le nom du citoyen BRULARD.
BOUCHENCOUR, sous le nom du citoyen BLANQUETTE.
ACHILLE MONTREMBLET, commissaire de section.
LALLOUETTE.
BAGOULEAU.
BARBET.
HARPINARD, auteur dramatique.
BARDOU.

TROISIÈME EPOQUE.

LA RÉPUBLIQUE.

SCÈNE PREMIÈRE.

(Le théâtre représente l'intérieur d'un comité de société.)

BRULARD, BLANQUETTE, BARBET, BAGOULEAU.

BRULARD.

Citoyen Blanquette, je t'ai nommé agent principal de la commission des subsistances, à la recommandation de la citoyenne Misarette; je n'ai pas besoin d'autres preuves de ton civisme; cependant je compte encore plus sur ton dévouement (*le regardant avec intention*) : ta vie m'en répond. Je ne suis pas aussi sûr de ta capacité, mais la mission que je te donne n'en demande aucune.

BLANQUETTE.

Tu seras content de moi, citoyen président; je me suis occupé toute ma vie de subsistances.

BRULARD.

Je t'ai vu à l'œuvre, et il ne s'agit que d'appliquer au service de la république le talent que je t'ai connu pour vivre aux dépends des autres.

BLANQUETTE, *avec inquiétude*.

Tu sais donc, citoyen?...

BRULARD.

Point de question..... J'ai nommé les citoyens Barbet et Bagouleau pour t'accompagner au ci-devant hôtel du ci-devant prince de Richemont. En vertu de l'arrêté dont tu es porteur, tu établiras les bureaux de la commission au rez-de-chaussée de l'hôtel, et tu disposeras des communs et des caves pour en faire l'entrepôt des grains, farines et fourrages frappés de réquisition. J'irai dans la matinée m'assurer, par mes yeux si mes intentions sont remplies.

(*Blanquette sort avec Barbet et Bagouleau*).

SCÈNE II.

UNE ASSEMBLÉE DE SECTION.

BRULARD, GARDES NATIONAUX, CITOYENS DE DIFFERENTES CLASSES, COMMISSAIRES DE POLICE, ETC., ETC.

BRULARD, *il va s'asseoir à son bureau.*

Citoyens, en ouvrant la séance, je commence, comme à mon ordinaire, par saluer en vous la majesté du peuple souverain, dont vous êtes une si pure émanation.

TOUS.

Bravo! vive le président du peuple souverain!

BRULARD.

Notre cause est celle de l'humanité. Un sceptre de fer s'étendait sur l'Europe : le despotisme, l'ignorance et la superstition s'étaient ligués pour étouffer la révolution dont la France a donné le signal; mais le lion du peuple a rugi, les rois ont tremblé, et l'arbre de la liberté s'est élevé majestueusement sur les débris d'un trône vermoulu. On a osé se plaindre que des flots de sang en eussent arrosé les racines, comme si les révolutions se faisaient à l'eau rose; comme si c'était avec de l'hysope que l'on peut bâtir le temple de Salomon !

TOUS.

Bravo ! admirable ! sublime ! comme il parle !!

UN CITOYEN, *bas à son voisin*

Qu'est-ce que cela veut dire ?

LE VOISIN.

Comment, tu n'entends pas ? Eh ! bien,

ni moi non plus ; mais c'est égal, applaudissons toujours, de peur d'être suspects.

TOUS DEUX.

Bravo! superbe !

LE PRÉSIDENT.

Citoyens, nous avons opéré de grandes choses; mais chacun de nous doit se dire, comme le patriote César : « Je crois n'avoir rien fait tant qu'il reste quelque chose à faire. » Ce qui nous reste à faire, citoyens, c'est de brûler les têtes de l'hydre féodale que nous avons abattues, de poursuivre à outrance les ennemis du peuple : quatre mots suffisent pour les signaler tous. *Contre-révolutionnaires, aristocrates, fédéralistes* et *modérés.* Quant aux *suspects,* sur lesquels j'invoque aussi toute votre surveillance, je m'occupe en ce moment d'en dresser la liste pour notre section, d'après les dénonciations qui m'ont été faites et les renseignemens que je me suis procurés.

LALLOUETTE.

Je demande la parole pour une dénonciation.

PLUSIEURS VOIX.

L'ordre du jour!

UN CITOYEN.

Le citoyen Lallouette aurait aussitôt fait de dénoncer la section en masse.

LALLOUETTE.

Je demande la parole pour sauver la patrie.

LE PRÉSIDENT.

Il y a urgence ; je te donne la parole, citoyen Lallouette.

LALLOUETTE.

Je dénonce les nommés *Beauregard*, fourbisseur, rue de la Huchette vis-à-vis la cour de l'Ange; *Gauthier*, fourbisseur, rue Maçon, n° 4; *Léonard*, fourbisseur, rue de la Verrerie, au coin de la rue Saint-Bon; *Bourgeois*, coutelier, rue du Pont-aux-Choux, ayant son atelier dans sa cave. Ces quatre scélérats fabriquent en ce moment trente mille poignards à bracelets destinés au massacre des patriotes dans la nuit anniversaire de la Saint-Barthélemy; en fait de quoi j'ai signé la présente dénonciation, que je dépose sur le bureau (1).

LE PRÉSIDENT.

Je vote, au nom de la patrie, des remercîmens au citoyen Lallouette, et l'invite à se rendre sur-le-champ au comité de sûreté générale, pour y diriger en personne les recherches qui vont être faites chez les couteliers conspirateurs. (*Lallouette sort avec quelques hommes de la section.*)

BARDOU.

Je fais hommage au comité révolutionnaire d'une motion que j'ai faite tridi dernier

(1) Historique : voir l'*Ami du Peuple*, par Marat, n° 378.

à la société des Cordeliers, et dont il a été fait mention honorable au procès-verbal de la séance : j'y demande que tout homme dont la fortune patrimoniale excède trois mille francs de rente, et toute femme qui a passé quarante-cinq ans, soient réputés suspects, et mis comme tels en état d'arrestation, les uns comme nécessairement aristocrates, et les autres comme désormais inutiles au grand but de la nature, l'accroissement de la population. (*Rumeur dans l'assemblée* (1). Les murmures qui s'élèvent autour de moi ne prouvent qu'une chose, c'est qu'il y a ici beaucoup de suspects de la nature de ceux que je viens de désigner, et puisqu'ils se dénoncent eux-mêmes, je requiers le citoyen président de faire arrêter les perturbateurs. (*On hue l'orateur.*)

LE PRÉSIDENT.

La mesure que tu proposes, citoyen Bar-

(1) Historique : *Journal des Cordeliers*, n. 127.

dou, a besoin, pour être exécutée, de la sanction d'une loi ; c'est donc à la Convention qu'il faut t'adresser pour l'obtenir : dans le cas où tu y réussirais, je puis te promettre d'en faire sur toi-même la première application.

BARDOU.

Sur moi, citoyen président !

LE PRÉSIDENT.

N'as-tu pas au moins mille écus de rente ?

PLUSIEURS VOIX.

Il en a plus de trente mille.

BARDOU.

En biens nationaux, citoyens, que j'ai achetés par excès de patriotisme.

UNE VOIX.

Avec l'argent qu'il a volé au ci-devant duc de Brissac, dont il était valet de chambre.

PLUSIEURS VOIX.

A bas Bardou! à bas l'agioteur! à bas le mouchard! (*Bardou sort poursuivi par des huées.*)

HARPINARD, *au président.*

Je demande un certificat de civisme.

LE PRÉSIDENT.

Comment t'appelles-tu?

HARPINARD.

Harpinard.

LE PRÉSIDENT.

Ta profession?

HARPINARD.

Auteur dramatique....

LE PRÉSIDENT.

Tombé de chute en chute au trône académique.

Tu vois que je te connais d'ancienne date; mais des chutes anciennes ne sont pas des titres nouveaux : qu'as-tu fait pour la République ?

HARPINARD.

Comment, suis-je obligé de t'apprendre, citoyen président, que je suis l'auteur d'un beau chant révolutionnaire en l'honneur des journées de septembre, et d'une ode à Marat, où se trouvent ces vers sublimes.

« Le fer est ami du courage,
« Le fer! le fer donne la rage,
« Et la rage donne la mort. »

LE PRÉSIDENT.

Il est impossible de refuser un certificat de civisme au poète ami de Marat. (*Il le lui remet après l'avoir signé.*) Ce certificat honore également le chantre et le héros, et je désire, citoyen Harpinard, qu'il te mette en partage des sentimens qu'inspirent l'*Ami du Peuple* à tout ce qui porte un cœur français.

QUELQUES VOIX.

Vive Marat et le poète Harpinard! (*Il sort.*)

LE PRÉSIDENT.

Citoyens, je suis forcé d'interrompre la séance pour remplir une mission importante. Je vous invite à vous rendre demain de bonne heure à la section, pour entendre l'interrogatoire que je ferai subir à quelques suspects dont j'ai ordonné l'arrestation provisoire. Je suis le mandataire d'une fraction du peuple souverain, et je me fais un devoir de lui rendre compte jour par jour de l'usage que je fais du pouvoir qu'il m'a confié.

TOUS, *accompagnant le président qui sort.*

Vive le président Brulard! mort aux aristocrates, aux girondins, aux modérés, aux accapareurs, aux boutiquiers, aux suspects. Vive la nation!

SCENE III.

PUISSANCE DE LA PEUR.

Le théâtre représente un salon du rez-de-chaussée de l'hôtel de Richemont. Le portrait en pied de la princesse est placé vis à vis de la cheminée. La plaque vient d'être enlevée, et des ouvriers se préparent à l'emporter avec beaucoup d'ornemens en bronze, des bustes, des tableaux, et des gravures.

D'OLBREUSE, MONTREMBLET, Ouvriers.

D'OLBREUSE, *assis près d'une table et regardant alternativement Montremblet et les ouvriers.*

Quelle pitié ! quelle folie !

MONTREMBLET.

Citoyen, mon procès-verbal est dressé, je vais t'en donner lecture : « L'an II de la république, une et indivisible...

D'OLBREUSE.

C'est assez, citoyen... je sais ce que contient votre procès-verbal, et je tiens pour vrai, pour très-sensé même, tout ce qu'il renferme.

MONTREMBLET.

Je n'ai confisqué que les objets qui peuvent rappeler, de près ou de loin, l'ancien régime.

D'OLBREUSE.

Tels que *la Descente de Croix* et *la Communion de Saint-Jérôme,* par exemple.

MONTREMBLET.

Toutes ces burlesques images offensent les regards d'un peuple libre, et nourrissent les esprits d'idées superstitieuses... A bas le fanatisme !...

D'OLBREUSE.

Et le bon sens, à ce qu'il me paraît.

MONTREMBLET.

Quels sont ces deux bustes en bronze? Je ne les reconnais pas ; mais ce doit être quelques ci-devants.

D'OLBREUSE.

En effet, citoyen; l'un est ci-devant Démosthènes, et l'autre ci-devant Cicéron.

MONTREMBLET.

J'ai entendu parler de ces gens-là, deux vieux républicains, si je ne me trompe; je crois pouvoir les laisser sans me compromettre; mais à ta place, et pour plus de sûreté, vois-tu, j'en ferais hommage à la section, et je les remplacerais par les bustes de Carlier et de Marat; cela te ferait infiniment d'honneur.

D'OLBREUSE.

Je m'en dispenserai, si vous voulez bien le permettre; républicains pour républicains, j'aime autant ceux-ci.

MONTREMBLET.

A la bonne heure; les opinions sont libres.

D'OLBREUSE.

Il y paraît.

MONTREMBLET, *aux ouvriers.*

Vous, allez porter tous ces objets à la section ; mais ayez soin de retourner cette plaque de cheminée. La vue des emblêmes de la féodalité choquerait les regards des bons citoyens. (*Les ouvriers sortent, et Montremblet se rapproche aussitôt de d'Olbreuse.*) Pardon, citoyen, si je vous ai causé quelque inquiétude.

D'OLBREUSE.

A moi, monsieur! je vous prie de croire que vous ne m'en avez causé aucune ; c'est un tout autre sentiment que vous me faites éprouver.

MONTREMBLET.

De la reconnaissance!... non, vous ne m'en devez pas ; l'intérêt que je vous témoigne est tout simple. (*Bas et d'un air mystérieux.*) Je suis, comme vous, un homme de l'ancienne cour.

D'OLBREUSE.

Vraiment !

MONTREMBLET.

Je vous ai vu à Versailles.

D'OLBREUSE.

En effet, j'y allais quelquefois.

MONTREMBLET.

Et vous ne me remettez pas... Montremblet...

D'OLBREUSE.

Je ne me rappelle ni votre nom, ni votre figure.

MONTREMBLET.

J'étais pourtant un des plus anciens officiers du gobelet.

D'OLBREUSE.

Diable !

MONTREMBLET.

Aux premiers symptômes de la révolution, j'ai vu tout de suite où cela devait nous conduire, et le lendemain du serment du Jeu-de-Paume, j'ai fait à ma sûreté personnelle le sacrifice de ma charge, de mes affections, de mes honneurs.

D'OLBREUSE.

Et même de votre honneur, à ce qu'il paraît.

MONTREMBLET.

J'ai pour principe qu'avant tout, il faut vivre.

D'OLBREUSE.

Ajoutez en honnête homme, et j'en tombe d'accord avec vous.

MONTREMBLET.

J'ai pour principe qu'il ne faut jamais faire le mal que dans l'intérêt de sa propre conservation.

D'OLBREUSE.

C'est déjà quelque chose ; j'en connais de

plus méchans que vous ; mais je dois vous prévenir, toujours dans votre intérêt personnel, que vous poussez peut-être un peu loin la franchise ; car enfin, si j'allais abuser de votre confiance...

MONTREMBLET.

Je sais à qui je parle ; et d'ailleurs, que pourrais-je craindre de votre malveillance ou de votre indiscrétion ? Dès long-temps j'ai fait mes preuves, et j'ai donné des garanties à la république. J'ai mieux fait que de renoncer publiquement à la noblesse, je suis parvenu à prouver que j'appartenais, de père en fils, à la classe roturière.

D'OLBREUSE.

On a dû vous en croire sur parole.

MONTREMBLET.

Vous n'auriez pas les mêmes avantages, convenez-en ; vous auriez beau dire, on vous prouverait toujours que vous avez été gentilhomme.

D'OLBREUSE.

Oh! mon Dieu, oui, on me prouverait toujours que j'ai été le fils de mon père.

MONTREMBLET.

C'est fâcheux; mais, par bonheur pour vous, je suis commissaire de police de votre section, et tant que je pourrai vous servir, sans me compromettre le moins du monde, comptez sur moi... Mais défiez-vous du citoyen Brulard, président de notre comité révolutionnaire ; c'est un homme de rien qui peut tout ; je n'ai que cela à vous dire.

(*Il sort.*)

SCÈNE VI.

D'OLBREUSE, seul.

Cet homme dit vrai, il n'est pas méchant; mais il est bien pire, c'est un lâche. Quelle puissance que celle de la peur ! elle règne aujourd'hui sur la France entière. Qui me dira où s'arrêteront ses cruels effets, lorsque moi-même je n'en suis pas exempt? Qu'ai-je à craindre cependant? (*en regardant le portrait*). Je survis à tout ce que j'ai jamais aimé sur la terre ; je vois s'évanouir, au milieu des convulsions politiques où la patrie expire, toutes les espérances de gloire et de liberté que j'avais conçues pour elle ; qu'aurais-je donc aujourd'hui de mieux à faire que de mourir? Mais j'ai fait serment à mon amie expirante, de consacrer mes derniers jours à veiller sur sa tendre pupille ; c'est un devoir sacré pour moi de défendre les restes d'une vie qui ne m'appartient plus ; je le remplirai dans toute sa rigueur.

SCÈNE V.

RECONNAISSANCE ET DÉVOUEMENT.

D'OLBREUSE, GILBERT.

GILBERT.

J'apporte encore de mauvaises nouvelles.

D'OLBREUSE.

Pouvons-nous en attendre d'autres?

GILBERT.

L'administration des vivres vient d'obtenir un arrêté qui la met provisoirement en possession d'une partie de cet hôtel.

D'OLBREUSE.

Eh bien! mon ami, nous nous logerons dans l'autre.

GILBERT.

Non pas, s'il vous plaît : laissez leur mettre

aujourd'hui un pied dans cette maison, demain vous serez obligé d'en sortir. Je sais fort bien que, par le temps qui court, la raison et la justice n'ont rien à voir dans tout ce qui ce passe; mais l'anarchie elle-même a ses lois; je les connais et j'ai voix au chapitre. Les séquestres n'ont point été mis sur cette portion des biens du prince de Richemont dont la veuve n'a point émigré, et jusque là personne n'a le pouvoir d'en chasser l'héritière.

D'OLBREUSE.

C'est à toi, mon brave officier municipal, à défendre les droits de l'orpheline; mais, mon ami, modère ton zèle, et songe que nous n'avons plus que toi pour protecteur.

GILBERT.

C'est pour cela que j'ai accepté, dans ces jours de terreur, des fonctions au-dessus de mes forces, mais non pas au-dessus de mon courage. Vons avez besoin de moi, comptez sur ma prudence ; elle vous est plus nécessaire que jamais. J'ai découvert l'ennemi secret qui vous persécute.

D'OLBREUSE.

Quel est-il ?

GILBERT.

Le nouveau président de votre section; un citoyen Brulard, que je ne connais encore que de réputation : c'était assez pour justifier mes inquiétudes ; mais depuis trois jours que je suis sur sa piste, les renseignemens que je me suis procurés ont augmenté mes craintes.

D'OLBREUSE.

Qu'as-tu donc appris ?

GILBERT.

Vous souvenez-vous d'une certaine comtesse de Misarette ?

D'OLBREUSE.

La maîtresse du vieux prince de Richemont et de son fils, l'ancienne gouvernante de Cécile, qui voulut s'enfermer au couvent avec elle, aussitôt après son mariage, et qui l'abandonna au bout d'un mois.

GILBERT.

C'est cela même.

D'OLBREUSE.

Je l'ai perdue de vue depuis ce temps là.

GILBERT.

Aussi, vous n'avez pas su qu'en quittant la jeune épouse du prince de Richemont, elle était allée rejoindre celui-ci à Coblentz; qu'elle est rentrée en France quelques semaines après sa mort; que depuis ce temps elle est ralliée à la faction dominante, et qu'elle en a toujours été un des agens les plus secrets et les plus actifs. Eh bien! j'ai acquis la certitude que cette dame a des relations intimes et journalières avec le terroriste Brulard, qu'elle a fait nommer président de votre section.

D'OLBREUSE.

Mon cher Gilbert, tu m'effrayes beaucoup en m'apprenant la liaison d'un pareil homme avec la plus méchante des femmes. Cécile aura besoin de toute notre surveillance pour échapper à la haine que cette furie lui a vouée dès le berceau..... Elle vient... Laissons-lui ignorer ce nouveau sujet d'inquiétude, et n'ajoutons rien au chagrin que je vais lui causer, en lui apprenant le départ de Grangeval pour l'armée.

(*Gilbert sort.*)

SCÈNE VI.

D'OLBREUSE, CECILE.

CÉCILE, *d'abord sans voir d'Olbreuse, et s'adressant au portrait.*

Image toujours plus chère, tu reçois chaque matin mon hommage, et aujourd'hui même que je l'attends, que je vais le voir, tu as encore ma première pensée... C'est vous, mon ami, je vous croyais dans votre cabinet à lire les journaux.

D'OLBREUSE.

Non, ma chère Cécile, je n'en reçois plus depuis quelques semaines. Je ne puis me décider à arrêter chaque matin mes yeux en larmes sur les longues tables de proscription dont les feuilles publiques sont remplies.

CÉCILE.

Mais, mon ami, d'où vient donc cette fureur ? J'ai été élevée dans la persuasion que le peuple français était le plus humain, le plus généreux de tous les peuples, et je n'entends parler que de prisons, d'exil et d'échafauds.

D'OLBREUSE.

Née dans un palais, au pied d'un trône où votre enfance fut en quelque sorte bercée par des courtisans à qui vous entendiez répéter sans cesse : *l'État c'est le roi, la nation c'est nous*; vous touchiez à peine à la jeunesse, que ces prestiges d'orgueil et de puissance avaient disparu ; la plus brillante monarchie de l'Europe s'était écroulée dans les convulsions de l'anarchie, et le peuple, enivré de liberté, n'a plus été qu'un instrument servile entre les mains de ceux qui l'ont proclamé souverain.

CÉCILE.

Vous aviez prédit tous nos malheurs, et cependant vous n'avez pas voulu vous y soustraire.

D'OLBREUSE.

J'ai fait plus, Cécile : je me suis opposé à votre départ, tout en prévoyant que les fureurs populaires pourraient arriver à cet excès où votre sexe, votre jeunesse cesseraient d'être une garantie suffisante de votre propre sûreté.

CÉCILE.

Vous savez bien que je n'aurais jamais consenti à me séparer de vous. Depuis sa mort (*montrant le portrait*), je n'ai plus que vous sur la terre.

D'OLBREUSE.

Je suis déjà vieux, mon enfant ; ma mission est près de finir ; mais j'étais tranquille, en songeant dans quelles mains j'allais déposer mes pouvoirs. Malheureusement, je vois s'éloigner le jour où j'abdiquerai mes fonctions de tuteur.

CÉCILE.

Je ne vous entends pas.

D'OLBREUSE.

Je vois venir quelqu'un qui achevera de vous expliquer ma pensée toute entière.

SCÈNE VII.

LES FIANÇAILLES.

LES MÊMES, GRANGEVAL.

CÉCILE.

C'est vous, mon cousin! Je n'espérais pas vous voir avant dîner.

GRANGEVAL.

Ne me félicitez pas, ma chère Cécile, d'un empressement dont vous êtes loin de soupçonner le motif.... Je viens vous faire mes adieux.

CÉCILE.

Vos adieux!

GRANGEVAL.

Hélas! oui; je reçois à l'instant l'ordre d'aller reprendre sur la frontière le commandement dont on m'a destitué il y a deux mois.

CÉCILE.

Ainsi, vous oubliez votre juste ressentiment de l'injure qui vous a été faite, et vous renoncez à un projet dont la seule pensée faisait, me disiez-vous encore hier, le bonheur de votre vie ; vous m'abandonnez, Grangeval !

GRANGEVAL.

Je n'ai pas eu le courage de prendre de moi-même cette héroïque résolution (*montrant d'Olbreuse*) : j'ai consulté notre providence.

D'OLBREUSE.

Je me suis contenté de lui dire que l'ennemi était sur notre territoire, et que la patrie l'appelait à son secours.... Vous pleurez, Cécile ! Je connais le pouvoir de vos larmes sur le cœur de votre amant : vous pouvez, d'un mot, l'arrêter près de vous.

CÉCILE.

Ne craignez rien, mon vénérable ami,

ce mot, je ne le prononcerai pas ; votre estime et sa gloire me sont plus chères que son amour. Partez, Grangeval, partez : chaque instant que vous passez près de moi est un reproche que la patrie et l'honneur nous adressent.

GRANGEVAL.

Je serai digne de vous, et je ne vous affligerai pas du spectacle de ma douleur en prononçant un adieu où s'épuiseraient toutes les forces de mon âme.

D'OLBREUSE.

Mes enfans, les regrets vous sont permis, mais votre désespoir n'aurait pas d'excuse: de tous les devoirs, le plus impérieux retarde l'heure de votre hymen ; mais la sainte promesse qui vous lie à jamais l'un à l'autre a été prononcée devant elle (*montrant le portrait*). La mort seule, qui pourrait la rompre, voit diminuer ses chances par une séparation de quelques mois. Dans la crise affreuse où nous nous trouvons, votre présence en ces lieux augmenterait le danger de Cécile ; de loin, vous nous défendrez mieux.

GILBERT, *entrant.*

Je vous annonce un agent de la commission des approvisionnemens : il vient, dit-il, prendre possession du rez-de-chaussée de l'hôtel pour les besoins du service public dont il est chargé. Je me propose de lui disputer le terrain ; mais je crois inutile que vous soyez présens à la discussion.

D'OLBREUSE.

Gilbert a raison ; montons chez ma pupille, et emportons avec nous nos dieux pénates. (*Gilbert décroche le portrait de la princesse, et Grangeval emporte un buste de Washington.*)

SCÈNE VIII.

AGENS REVOLUTIONNAIRES.

BOUCHENCOUR SOUS LE NOM DE BLANQUETTE, BAGOULEAU, BARBET ET CINQ EMPLOYÉS.

BLANQUETTE.

Citoyen Bagouleau, va-t-en prendre connaissance des écuries, des remises et des communs; tu auras soin d'assigner à chaque local sa destination particulière comme magasin de subsistances : tu mettras en réquisition toutes les provisions que tu pourras y trouver.

BAGOULEAU.

Dois-je considérer comme provisions les chevaux, les voitures, les harnais?...

BLANQUETTE.

Cela va sans dire : la république a besoin

de tout. (*Bagouleau sort.*) Citoyen Barbet, je te charge de visiter les caves, et de me faire un rapport sur leur étendue et leur capacité. Je n'ai pas besoin, je pense, de te faire connaître les moyens frauduleux que les ci-devant propriétaires du faubourg Germain ont mis en œuvre pour frustrer la nation de leurs biens, en cachant tout ce qu'ils n'ont pu emporter.

BARBET.

Sois tranquille, citoyen commissaire; j'en ai déterré bien d'autres! (*Il sort.*)

BLANQUETTE, *aux trois autres.*

Vous allez vous rendre chez les particuliers de l'arrondissement dont chacun de vous a la liste, et vous y enleverez, par voie de réquisition, les grains de toute espèce et les farines qu'ils ont accaparés au-delà du nombre de boisseaux que la loi leur laisse.

PREMIER EMPLOYÉ.

Citoyen commissaire, les bestiaux et la

volaille sont-ils compris dans la réquisition des grains et farines?

BLANQUETTE.

Quelle demande! ne sont-ce pas des subsistances? D'ailleurs, nous ne sommes plus au temps où les chapons et les poulardes étaient réservés pour la bouche des aristocrates : grâce au ciel, la révolution a réalisé le vœu du ci-devant Henri IV.

SECOND EMPLOYÉ.

Oui, chaque famille doit mettre la poule au pot le dimanche.

BLANQUETTE.

Mieux que cela, mes amis : deux poules au pot chaque jour de la semaine.

TOUS, *en sortant.*

C'est juste. Vive la nation!

SCENE VIII.

LE FAIT ET LE DROIT.

GILBERT, BLANQUETTE.

GILBERT.

Que demandes-tu, citoyen?

BLANQUETTE.

Je ne demande pas, comme tu vois : je prends.

GILBERT.

Dans ce cas, tu sais comment on nomme les gens de ton espèce.

BLANQUETTE.

On les nomme avec respect, quand on sait d'après quels ordres ils agissent. (*Il montre un papier.*)

GILBERT, *après avoir lu le papier.*

Tu n'es pas en règle : cet ordre n'a pas

été visé à la commune, et tu n'as pas le droit de t'emparer d'une maison qui n'est point sous le séquestre.

BLANQUETTE.

Je suis agent principal de la commission des subsistances, et j'agis au nom du comité révolutionnaire de ma section.

GILBERT, *le regardant avec attention.*

De ta section, dis-tu?.... J'en connais tous les habitans, et cependant ta figure... Attends donc.... il me semble que ce visage enluminé ne m'est point inconnu. (*Blanquette se trouble et cherche à donner à sa figure une expression qui ne lui est pas naturelle.*) J'ai quelque idée....

BLANQUETTE.

Je ne m'embarrasse pas de tes idées, citoyen; il doit te suffire de savoir que je suis le délégué du comité révolutionnaire; c'est à son président, au citoyen Brulard, que tu auras à rendre compte de la réception que tu m'as faite.

GILBERT.

En ma qualité d'officier municipal, je vous rends donc responsables, l'un et l'autre, d'un acte arbitraire, contre lequel je proteste au nom de la loi. (*Il sort.*)

SCÈNE IX.

LE VÉRITABLE AMPHYTRION.

BLANQUETTE, seul.

Diable! c'est un officier municipal.... Si je l'avais su.... Qu'importe! Ne suis-je pas l'agent du terrible Brulard?.... J'ai vu le moment où ce diable d'homme allait me reconnaître.... J'ai moi-même quelque souvenance aussi d'avoir vu cette figure-là; mais en quel temps, en quels lieux? C'est une terrible chose qu'une révolution, il faut l'avouer! De tous ceux avec qui j'ai fait de si bons repas dans ce palais, peut-être suis-je le seul qui me sois tiré d'affaire, et par un moyen bien simple : je ne demande qu'à vivre ; sur tout le reste, je suis de l'avis de tout le monde. Pour faire oublier mon origine et celle de la fortune que m'avait laissée mon père, j'avais eu la sottise d'émigrer, et la sottise plus grande de manger en quelques mois, avec mes nobles compagnons, tout l'argent que j'avais emporté avec moi... Une fois convaincu, par décret, que la noblesse était un abus, et que le peuple s'était fait reconnaître, en France, pour le véritable souverain, je repasse le Rhin et je viens réclamer ma part d'une souveraineté plébéienne à laquelle mon titre de conseiller actuel du feu roi de Pologne ne m'avait pas fait perdre mes droits. Proscrit sous le nom de Bouchencour que je m'étais donné, je rentre sous le nom de Blanquette, auquel ne se rattache aucune idée de noblesse et aucun souvenir d'émigration. Me voilà travaillant, avec mes co-souverains, à la régénération de notre royaume indivis. Au milieu des dangers qui m'environnent, je me suis mis en garde contre le plus effrayant : pour être sûr de ne pas mourir de faim, je me suis mis dans les vivres. Royaliste, jacobin, cordelier, terroriste, tout ce qu'il vous plaira : *le véritable amphytrion est celui où l'on dîne.*

SCÈNE X.

LE GENTILHOMME RÉVOLUTIONNAIRE.

BLANQUETTE, BRULARD, MONTREMBLET.

BRULARD, *à Montremblet.*

Citoyen capitaine, tu n'as pas fait exécuter ici dans toute sa rigueur l'arrêté de la commune.

MONTREMBLET.

Je ne pense pas avoir rien oublié : j'ai

fait placer en dehors, sur la grande porte de l'hôtel, le nom et l'âge des personnes qui l'habitent ; la liste n'est pas longue : Le citoyen *Jacques d'Olbreuse*, âgé de 62 ans, et la citoyenne *Cécile, veuve Richemont*, âgée de 16 ans.

BRULARD.

Fort bien ; mais l'inscription civique au-dessus du fronton : *Liberté, égalité, fraternité ou la mort.*

MONTREMBLET.

Le vieux citoyen locataire s'est opposé à ce qu'on la plaçât ; il a soutenu que l'arrêté de la commune qui prescrit cette mesure de salut public ne concerne que les propriétés nationales, et que l'hôtel Richemont n'est pas de ce nombre.

BRULARD.

C'est ce que nous verrons. En attendant, citoyen capitaine, tu vas établir dans ce ci-devant hôtel un poste de dix hommes, qui fournira quatre factionnaires aux différentes issues, et je te rends responsable du moindre objet qui pourrait en sortir sans ma permission.

SCÈNE XI.

BRULARD, BLANQUETTE.

BRULARD.

Tu as vu les gens de cette maison?

BLANQUETTE.

Non, citoyen; je n'ai parlé qu'à un quidam qui se dit officier municipal, lequel m'a soutenu que la commission dont je suis l'agent n'avait pas le droit d'installer ici ses magasins et ses bureaux.

BRULARD.

Il fallait me nommer.

BLANQUETTE.

Je l'ai fait ; mais, à ma grande surprise, votre nom n'a pas produit, cette fois, son effet accoutumé.

BRULARD.

Je connais ce personnage : c'est un nommé Gilbert, un mauvais citoyen, un homme qui a la rage de la modération. J'en ferai justice un jour ou l'autre. En attendant, tu vas te rendre au comité de salut public, et tu présenteras à la signature de Couthon cet acte de séquestre; tu reviendras ensuite te mettre en possession de cet hôtel, où, dès demain, je viendrai moi-même établir mon domicile, et surveiller de plus près la grande opération dont je t'ai chargé.

BLANQUETTE.

Vous ne craignez pas!...

BRULARD.

Moi, craindre ; tu oublies à qui tu parles...

(*Il voit entrer madame de Misarette.*) Cours remplir ta mission, et viens me retrouver.

SCENE XII.

COMPLOT INFERNAL.

BRULARD, MADAME DE MISARETTE.

Elle est vêtue d'un habit de drap en forme d'amazone et porte à son chapeau rond une cocarde tricolore.

(Ils se regardent un moment tous deux en riant et sans parler.)

BRULARD.

Comtesse, qui l'eût dit?

MADAME DE MISARETTE.

Citoyen, qui l'eût cru?

BRULARD.

Nous, ensemble dans ce salon l'an deuxième de la république une et indivisible, comme vous savez : dites encore que la vertu et l'innocence ne trouvent pas leur récompense dans ce monde!

MADAME DE MISARETTE.

Point de mauvaise plaisanterie, et ne nous pressons pas de chanter victoire.

BRULARD.

Cependant le plus fort est fait, nous vivons.

MADAME DE MISARETTE.

Au jour le jour.

BRULARD.

Comme tout le monde.

MADAME DE MISARETTE.

Comme tout le monde, Pressades!... et nos parens, nos amis?...

BRULARD.

Vous me restez; je ne me souviens plus des pertes que j'ai faites.

MADAME DE MISARETTE.

Ne faisons pas la part du sentiment trop grande, et convenons que nous avons manœuvré avec une rare habileté pendant cette épouvantable tempête; mais elle dure toujours, nous ne sommes pas au port, et c'est souvent là que l'on échoue. Si je ne puis interroger mes souvenirs sans trouver en vous le corrupteur de ma première jeunesse, je suis en même temps forcée de convenir que c'est à vos conseils que je dus ma fortune et mes succès dans le monde. Le lien très-élastique qui nous tint unis pendant quelques années s'était presque rompu, lorsque la révolution nous fit sentir le besoin de nous rapprocher. Dès ce moment, j'ai repris sur vous tous mes avantages : placée au centre de la double intrigue qui se croisait pour arriver, par des moyens différens, à la destruction de la monarchie; j'ai partagé entre nous les rôles : vous avez suivi à Coblentz le prince de Richemont, auquel, en cas de succès de l'émigration, notre fortune se trouvait attachée : je suis restée auprès de sa jeune épouse autour de laquelle, en cas de revers des princes, nous pouvions rallier nos espérances. La mort de Richemont et les triomphes de la république, en justifiant ma prévoyance, ont assuré la réussite du grand projet qui m'amène en ce lieu.

BRULARD.

Sérieusement! vous croyez pouvoir décider la jolie petite veuve à recevoir ma main?

MADAME DE MISARETTE.

Je n'en doute pas.

BRULARD.

Quand nous savons qu'elle aime son cousin Grangeval, qu'ils sont promis l'un à l'autre, et qu'elle n'attend que le moment de l'épouser?

MADAME DE MISARETTE.

Mais si ce moment n'est pas venu, si mes mesures sont prises pour qu'il ne vienne jamais : veut-on me laisser faire?

BRULARD.

Oui, mon bon ange : comme vous le disiez tout à l'heure, nous avons changé de rôle; c'est moi maintenant qui suis en tutelle.

MADAME DE MISARETTE.

Vous n'y resterez pas long-temps, le mariage émancipe.

BRULARD.

Le succès d'une pareille entreprise vous couvrira d'honneur.

MADAME DE MISARETTE.

D'honneur, je n'en répondrais pas : s'il s'agissait de déterminer par ruse ou par séduction une vierge veuve de seize ans, jolie comme l'amour, héritière d'une fortune immense, éprise dès l'enfance d'un jeune héros sur qui l'Europe a les yeux, à donner sa main à un espiègle du temps de madame Dubarry, sans doute il y aurait là quelque mérite ; mais placer un enfant dans la crise terrible où nous nous trouvons, sans autre protection qu'un vieillard, dans l'alternative de former de pareils nœuds ou de se voir ruinée, persécutée, emprisonnée, que sais-je? vous m'avouerez qu'un succès aussi facile ne suppose pas un grand effort de génie.

BRULARD.

Il est vrai que la demande que vous allez faire en mon nom est presque aussi simple que celle qu'un gentilhomme de grand chemin adresse au voyageur : «*La bourse ou la vie, s'il vous plaît.*»

MADAME DE MISARETTE.

Vous tombez d'un excès dans un autre. Comment ne voyez-vous pas que nous prenons, comme autrefois, notre exemple dans l'autorité souveraine? N'est-ce pas la terreur qui règne aujourd'hui sur la France, et ne vaut-il pas mieux nous associer à ses triomphes que de tomber ses victimes?

BRULARD.

Je m'abandonne à vous : en tout temps, vous avez été la femme de mon esprit et de mon cœur.

MADAME DE MISARETTE.

Je me suis fait annoncer chez d'Olbreuse... voici l'heure où il m'attend.

(*Ils sortent.*)

SCÈNE XIII.

(Le théâtre change et représente un cabinet de l'étage supérieur.)

D'OLBREUSE, CÉCILE.

D'OLBREUSE, *un billet à la main.*

Madame de Misarette! que signifie sa visite?

CÉCILE.

Dites-moi, mon ami, pourquoi le nom seul de mon ancienne gouvernante me cause une sorte d'effroi?

D'OLBREUSE.

C'est que son nom vous rappelle sa personne.

CÉCILE.

Oh! mon dieu, non, j'ai oublié ses traits.

D'OLBREUSE.

C'est pourtant ce qu'elle avait de mieux.

SCENE XIV.

PROPOSITION DE MARIAGE.

LES MÊMES, MADAME DE MISARETTE.

MADAME DE MISARETTE, *courant à Cécile qu'elle embrasse.*

Ah! bonjour, mon aimable élève, que je suis heureuse de vous revoir!

CÉCILE.

Madame !

MADAME DE MISARETTE.

Monsieur d'Olbreuse ne me rendrait pas justice, s'il pouvait douter des sentimens de vénération et d'estime que je lui ai conservés.

D'OLBREUSE.

Citoyenne !...

MADAME DE MISARETTE.

Ce mot, en me ramenant à la pensée de votre situation présente, me dispense d'un plus long préambule pour vous expliquer le motif principal de ma visite... C'est votre danger et celui de la jeune princesse...

D'OLBREUSE.

De grâce, madame, ne rappelons pas ici des titres que la prudence, au moins, nous fait un devoir d'oublier.

MADAME DE MISARETTE.

Que voulez-vous? il y a des habitudes d'enfance qu'il est impossible de rompre.

D'OLBREUSE.

Depuis le temps que vous y travaillez, j'aurais cru que vous y aviez complétement réussi.

MADAME DE MISARETTE.

Monsieur d'Olbreuse, si cette réflexion contient un reproche de ma conduite, il est bien injuste. Je dois pourtant commencer par y répondre. Au moment du péril, tous mes amis ont pris la fuite : j'étais alors au couvent avec madame; lorsqu'on supprima les maisons religieuses, je voulus passer avec Cécile en Angleterre; vous vous y opposâtes. N'ayant plus à craindre que pour moi, et ne consultant que l'intérêt commun, je restai moi-même en France. J'étais résolue d'y être utile; je dus en chercher les moyens. Où pouvais-je les trouver ailleurs qu'auprès des maîtres nouveaux que la terreur nous avait imposés? Je me suis rapprochée d'eux; j'ai flatté le tigre pour l'adoucir, et si je ne suis pas parvenue à dompter son affreux naturel, j'ai du moins eu le bonheur de lui dérober quelques victimes.

D'OLBREUSE.

Le jour ne peut tarder où leur reconnaissance vous vengera des outrages de l'opinion publique.

MADAME DE MISARETTE.

Dès long-temps j'ai appris à me contenter de ma propre estime et à régler ma conduite dans l'intérêt de la position nouvelle où l'âge et les événemens m'ont placée. Quand une femme n'a plus d'agrémens à mettre dans le commerce de la vie, qu'a-t-elle de mieux à faire que d'y apporter des vertus? Je reviens au sujet qui m'amène. (*A d'Olbreuse.*) Je désirerais m'expliquer avec vous sans témoin.

CÉCILE.

Non, madame, je puis tout entendre : les périls de mon respectable ami sont aussi les miens, et nous avons mis en commun jusqu'à nos moindres inquiétudes.

MADAME DE MISARETTE.

Apprenez donc qu'en vertu d'un arrêté du comité de salut public, dont j'ai eu le crédit de faire retarder l'exécution, le séquestre doit être mis sur l'hôtel de Richemont, et que vous devez être arrêtés tous les deux.

CÉCILE.

Eh bien ! madame, nous subirons notre sort ; il y a long-temps que nous y sommes préparés.

MADAME DE MISARETTE.

Ce que cet arrêt a de plus odieux, c'est qu'il assigne à chacun de vous une prison différente ; madame doit être conduite à la Bourbe, et vous au Luxembourg.

D'OLBREUSE.

Il est impossible que ces misérables aient la barbarie de nous séparer : la méchanceté a ses bornes.

MADAME DE MISARETTE.

La démence n'en a point : vous ne doutez pas que, depuis huit jours que j'ai connaissance de l'arrêté qui vous menace, je n'aie mis tout en œuvre pour en obtenir la révocation.

D'OLBREUSE.

Et vous n'avez découvert aucun moyen?

MADAME DE MISARETTE.

Un seul, mais certain, mais infaillible, le hasard vient de me l'offrir ce matin même.

CÉCILE.

Parlez, parlez, madame.

MADAME DE MISARETTE.

Vous connaissez, de réputation du moins, le président de cette section?

D'OLBREUSE.

Brulard! ce fameux démagogue, d'autant plus dangereux que sa parole agit avec la même puissance dans les sociétés populaires et dans les comités du gouvernement.

MADAME DE MISARETTE.

Eh bien! cet homme si puissant, si dangereux, est porteur de l'ordre fatal mais il ne s'en est chargé que pour en empêcher l'exécution.

D'OLBREUSE.

Quel intêret a pu nous concilier un pareil protecteur?

MADAME DE MISARETTE.

L'amour!

D'OLBREUSE ET CÉCILE.

L'amour!

MADAME DE MISARETTE.

Oui, madame; vous avez inspiré à ce tribun farouche la passion la plus vive et la plus respectueuse. Tant qu'il a pu croire que votre jeunesse et votre innocence vous mettraient à l'abri d'une persécution insensée, il a renfermé dans son cœur un sentiment qu'à son âge, et dans sa position, il n'avait pas l'espoir de vous faire partager; il a craint de s'en expliquer même avec moi, et le péril qui vous menace pouvait seul le déterminer à rompre le silence, et à vous offrir sa main.

CÉCILE, *à part à d'Olbreuse.*

Mon ami, répondez pour moi; j'aurais peur que l'indignation ne m'emportât trop loin.

D'OLBREUSE.

La mission dont vous n'avez pas craint de vous charger me dévoile une abominable intrigue; je vous y reconnais tout entière : nulle autre que madame de Misarette ne pouvait concevoir l'idée d'un pareil mariage.

MADAME DE MISARETTE.

Vous me dispenserez, monsieur, d'en entendre davantage; je me trouve suffisamment payée de mon zèle, et j'abandonne à un autre le soin de venger notre commune injure.... Il ne se fera pas attendre. (*Elle sort avec l'expression de la haine et de la colère.*)

SCÈNE XIV.

D'OLBREUSE, CECILE.

CÉCILE.

Ah! mon ami, qu'allons-nous devenir?

D'OLBREUSE, *après un moment de réflexion.*

Je suis de l'avis de cette femme : un mariage peut seul nous tirer d'embarras.

CÉCILE.

Ciel! que dites-vous?

D'OLBREUSE.

Une vérité.

CÉCILE.

Plutôt ma mort et la vôtre!

D'OLBREUSE.

C'est selon.

SCENE XV.

LE MARIAGE NOMINAL.

LES MÊMES, GILBERT.

GILBERT.

L'horrible femme!

D'OLBREUSE.

Comment, saurais-tu déjà?....

GILBERT.

Je sais qu'il existe un arrêté du comité de surveillance, rendu sur la dénonciation de cette furie.... Je cours au comité; je connais un des membres.

D'OLBREUSE

Nous y avons une meilleure protection que la tienne.... le citoyen Brulard nous offre ses services.

GILBERT.

Lui! c'est impossible....

D'OLBREUSE,

C'est un fait, pourtant; il est vrai qu'il veut nous vendre sa protection un peu chère.

GILBERT.

C'est bien le moment de marchander! Donnez-lui tout ce qu'il vous demande.

D'OLBREUSE.

Excepté pourtant la main de Cécile.

GILBERT.

Vous plaisantez !....

D'OLBREUSE.

Je parle très-sérieusement.

CÉCILE.

Ami Gilbert, apprends que madame de Misarette sort d'ici, et qu'après nous avoir appris que nous allions être arrêtés, elle m'a proposé ce mariage infâme comme le seul moyen de salut qui nous restât.

GILBERT.

Dans ce cas, fuyez, fuyez à l'instant même; depuis long-temps j'ai prévu cette nécessité, et vos passeports sont prêts.

D'OLBREUSE.

Non, point d'émigration! Nos ennemis y trouveraient encore plus facilement leur compte : c'est à la fortune de Cécile qu'ils en veulent, et si elle quitte un seul jour la France, ses biens deviennent immédiatement leur proie.

GILBERT.

Mais songez donc qu'elle ne peut rester

sans compromettre à la fois sa fortune, sa liberté, sa vie et la vôtre.

D'OLBREUSE.

J'ai trouvé le moyen de déjouer leur infernal complot; ce sont eux qui me le suggèrent..... Il faut que Cécile se marie aujourd'hui.... à l'instant même.

CÉCILE.

Me marier !.... mais avec qui donc, juste ciel ?

D'OLBREUSE.

Avec moi, par exemple; je ne verrais pas de parti qui vous convînt mieux dans la position critique où nous nous trouvons.... Mais, sans compter qu'ils ne seraient pas dupes de ce mariage *in extremis*, en prenant mon nom, vous n'échapperiez pas aux persécutions dirigées contre les ci-devant nobles : c'est un mari franchement plébéien de nom, de cœur et de race qu'il vous faut.

CÉCILE.

Mon ami, je ne comprends pas.

D'OLBREUSE.

Parlons donc clairement; aussi bien n'avons-nous pas de temps à perdre en précautions oratoires. Notre amoureux terroriste tient en réserve un bon mandat d'arrêt pour venir à l'appui de l'aimable proposition qu'il vous a fait faire; mais ce mandat, dirigé contre la veuve de l'émigré Richemont, ne saurait atteindre la femme de l'officier municipal Gilbert.

GILBERT.

Je vous entends.... Oui, ce moyen est infaillible.... Consentez, madame, à porter publiquement mon nom pendant quelques jours, quelques mois peut-être, et vous échappez, l'un et l'autre, à tous les dangers qui vous menacent.

CÉCILE.

Dans le désordre de mes idées et de mes

sentimens, que pourrais-je vous dire? (*A d'Olbreuse.*) C'est à vous seul, mon père, mon ami, de disposer de moi; ordonnez, j'obéis sans réflexion, sans murmure.

D'OLBREUSE.

Vous allez vous rendre à la municipalité, et vous y constaterez votre mariage dans les formes voulues par la loi révolutionnaire qui nous régit. (*A Gilbert.*) Vous sentez de quelle importance il est que cet acte soit dressé dans la journée : songez que j'attends votre terrible rival.

GILBERT.

Venez, madame... J'ai l'orgueil de croire que je n'ai pas besoin de vous rassurer sur la pureté de mes intentions.

CÉCILE.

Oh! non, monsieur Gilbert.

(Elle va se jeter dans les bras de d'Olbreuse, qui l'embrasse et met sa main dans celle de Gilbert. Ils sortent.)

SCÈNE XVI.

ABYME DE REFLEXIONS.

D'OLBREUSE, seul.

Suis-je bien éveillé, et n'est-ce pas un épouvantable cauchemar qui m'oppresse? C'est en France, à la fin du dix-huitième siècle, qu'une jeune princesse, à peine sortie de l'enfance, est obligée d'épouser un de ses domestiques pour échapper à sa ruine et peut-être à la mort. D'accès en accès, nous voilà donc parvenus au dernier degré de la démence et du malheur.... Cependant la cause était sainte, le but honorable : c'était la liberté. Moi-même, déjà bien avancé dans ma carrière, j'encourageais les générations nouvelles du geste et de la voix. Plus de despotisme, plus de lettres de cachet, s'écriait-on de toutes parts : tous les vœux honorables sont accomplis ; la constitution est faite, la France est libre, et la Bastille est renversée..... Mais l'œuvre de la sagesse est abandonnée aux passions populaires; la licence enfante les factions; la force brutale usurpe l'autorité des lois; l'anarchie, proclamée sous le nom de république, est obligée d'invoquer la terreur pour se sauver elle-même d'une entière destruction...... Quand je songe à tous les événemens qui se sont passés sous mes yeux, je me demande combien de siècles j'ai déjà vécu.... Je nais quinze ans après la mort de ce Louis XIV, descendu dans la tombe escorté par les malédictions de ses sujets.... Mon enfance se passe au milieu des désordres qui avaient suivis les saturnales de la régence; la possession d'une charge héréditaire me fixe malgré moi à la cour de Louis XV, où ma jeunesse s'écoule sans gloire et même sans plaisir. A mesure que j'avance dans la vie, j'apprécie les objets qui m'entourent avec plus de dégoût et avec plus d'indignation : un monarque avili, des courtisans esclaves, comme leur maître, des prostituées qui le gouvernent; une nation tourmentée du sentiment de sa misère et de sa honte. Ce spectacle m'irrite plus encore qu'il ne m'afflige : j'attaque les vices des grands jusqu'au pied du trône, où ils se réfugient; on m'exile dans des ambassades où je retrouve les mêmes crimes, les mêmes abus, sous des formes plus ignobles.

J'obtiens mon rappel : je reparais à la cour, et déjà je me félicitais d'avoir passé l'âge des passions les plus orageuses, sans en avoir subi le joug. Le hasard vint réprimer mon orgueil : une jeune femme, l'ornement et l'honneur de son sexe, offrait à la cour, la plus corrompue de l'univers, le modèle achevé de toutes les grâces et de toutes les vertus. Je payai à l'amour le tribut, un peu tardif, d'un sentiment qui devient un supplice quand on n'a pas l'espoir de le faire partager. L'amitié de Diane était encore de l'amour; elle suffit à mon bonheur. Sous le règne plus doux d'un monarque honnête homme, je perds l'objet de mon culte... Me laisse-t-elle au moins l'espoir de ne pas lui survivre? Non, sa dernière volonté me lègue la fille de son cœur, et m'ordonne de lui consacrer le reste de ma vie.

La révolution éclate.... L'hymen insensé qui enchaînait l'enfance de Cécile est rompu par la mort de celui qui n'emportait au tombeau que le nom de son époux... Enfin, Cécile a seize ans, et l'amour d'un jeune héros va bientôt assurer son bonheur. Alors, je n'aurai plus à m'occuper que de moi, et je bénirai nos maîtres nouveaux, qui ne tarderont pas sans doute à me débarrasser de ce soin. Tel était encore mon rêve en m'éveillant ce matin... Quelques heures ont détruit mes dernières espérances et ravivé toutes mes douleurs.

Il était donc possible que cette révolution si nécessaire, si désirée, nous amenât des jours plus affreux que ceux dont j'ai subi la durée. Jadis un grand seigneur pouvait, au mépris des lois de la nature et de la raison, épouser une enfant; aujourd'hui, un brigand d'une autre espèce vient vous demander votre fille ou la vie.... Malheureuse France!...

SCÈNE XVIII.

VICE ET VERTU.

D'OLBREUSE, BRULARD.

Brulart parle en entrant à quelques hommes en bonnet rouge qui se retirent.

BRULARD.

Citoyen, tu connais le motif qui m'amène?

D'OLBREUSE.

Pardonne-moi, citoyen, non-seulement j'ignore ce qui t'amène, mais je ne sais pas qui tu es.

BRULARD.

Mon nom suffira pour me faire connaître :
je m'appelle Brulard.

D'OLBREUSE.

Président du comité révolutionnaire.

BRULARD.

C'est moi-même; je viens pour avoir une réponse positive à la proposition qui t'a été faite ce matin de ma part.

D'OLBREUSE.

Une proposition de mariage!... Je ne te cacherai pas, citoyen révolutionnaire, que tout habitués que nous sommes, ma pupille et moi, à l'âpreté du langage républicain, nous n'avons pas été séduits par l'éloquence de ton envoyée, et qu'une déclaration d'amour, sous forme d'un mandat d'arrêt, nous a un peu surpris. Cécile, je dois te le dire, n'a pas tout-à-fait goûté une proposition d'hymen rédigée à peu près en ces termes : « Epousez-moi, ou je vous tue. »

BRULARD.

S'il vous était permis, citoyen, d'interprêter ainsi ma pensée quand elle vous a été transmise par un autre, j'ose croire que vous en jugerez différemment quand je m'en fais moi-même l'interprête. J'aime votre jeune et charmante pupille ; si j'ai tardé jusqu'à ce moment à mettre à ses pieds mon hommage, c'est que je mesurais avec inquiétude la distance que l'âge a mise entre nous, et que je craignais plus encore de paraître abuser de ma position et de la vôtre ; mais l'aspect du danger imminent auquel la loi vous laisse exposés, a fait taire toute autre considération, et j'ai dû adopter le seul moyen qui puisse changer votre sort.

D'OLBREUSE.

Je me hâte, citoyen président, de rendre justice à la générosité de vos sentimens, et à la délicatesse du langage dans lequel vous les exprimez. Il m'était trop pénible de penser qu'il existât, même au temps où nous vivons, un homme capable de se faire une arme de la terreur qu'il inspire et de l'autorité qu'il exerce, pour accabler une faible femme, et la contraindre, sous peine de la vie, à lui livrer sa personne et sa fortune. Grâce au ciel! un semblable projet ne pouvait entrer dans une âme aussi noble que la vôtre. L'amour et la pitié ont seuls dicté la demande que vous venez nous faire, et c'est pour mettre en sûreté les jours de l'orpheline que vous voulez l'épouser; mais puisqu'elle n'a que le choix entre deux malheurs, le sien est fait; elle vous déclare par ma voix qu'elle aimerait mieux mourir que d'être votre femme.

BRULARD.

Le refus pourrait être moins offensant, mais il ne saurait être plus positif; il ne me reste donc plus qu'à faire exécuter l'ordre dont je suis porteur. (*Il appelle. Aux gendarmes qui se présentent.*) Vous allez conduire au comité de la section le citoyen d'Olbreuse et la veuve Richemont.

D'OLBREUSE, *aux gardes.*

Je suis prêt à vous suivre.

BRULARD.

Si tu veux éviter que ces hommes ne s'introduisent dans l'appartement de la jeune citoyenne, tu peux aller la prévenir toi-même.

D'OLBREUSE.

Je vous laisse le soin de remplir votre noble mission dans toute son étendue.

BRULARD, *aux gardes.*

Entrez. (*A d'Olbreuse, après leur sortie.*) Citoyen, il en est temps encore : l'alliance que je propose ne vous met pas seulement l'un et l'autre à l'abri des rigueurs de la loi ; elle vous en assure aussi a lprotection.

D'OLBREUSE.

Cette protection serait un nouvel opprobre, et je la repousse avec d'autant plus de mépris que je ne pourrais l'invoquer que pour moi ; toute réflexion faite, citoyen, je suis trop vieux pour me déshonorer.

LE CHEF DES GARDES, *entrant en scène avec sa troupe.*

Nous n'avons trouvé personne dans cet appartement.

BRULARD.

Continuez vos recherches dans l'hôtel, faites-vous ouvrir un réduit pratiqué dans l'énorme piédestal d'une statue du cardinal de Richelieu, au fond de la bibliothèque.

D'OLBREUSE.

Comment se fait-il, citoyen président, que tu sois aussi bien informé de ces détails d'intérieur ?...

BRULARD, *à l'un des gardes.*

Reste près de lui, je vais moi-même diriger les recherches. (*Il va pour sortir, et il est arrêté par Gilbert et Cécile qui entrent.*)

SCÈNE XIX.

LES MÊMES, GILBERT, CÉCILE.

GILBERT, *avec l'écharpe municipale.*

Que font ici ces citoyens ?

BRULARD.

Ma présence doit te l'expliquer, citoyen Gilbert : je viens faire exécuter l'arrêté du comité de la section dont je suis le président, et qui ordonne l'arrestation provisoire de Cécile de Lineuil, veuve du ci-devant prince de Richemont.

GILBERT.

Il n'y a personne ici de ce nom.

BRULARD.

Je prends sur moi l'erreur, et j'emmène cette jeune personne.

GILBERT.

Halte-là! président, je m'y oppose; tu n'emmèneras pas ma femme.

TOUS.

Sa femme!

GILBERT.

Oui, citoyen Brulard, ma femme; et, pour qu'il ne te reste aucun doute à ce sujet, je veux bien te donner connaissance de l'acte civil qui constate mon mariage. (*Il le lui montre.*) Tu vois, il est en règle ; un de tes amis l'a signé comme témoin.

BRULARD.

Qui? Blanquette! ce nom suffit pour faire arguer de faux l'acte que tu me présentes; cet homme n'est qu'un émigré rentré, et je n'ai qu'un mot à dire...

GILBERT, *bas à Brulard.*

Prononce-le, ce mot, si tu l'oses, et j'ordonne à l'instant l'arrestation du conseiller Bouchencour et du marquis de Pressades.

BRULARD.

Tu pourrais ajouter foi...

GILBERT.

J'ai des preuves, et je suis prêt à les produire au comité de surveillance, où je te mets au défi de me suivre.

BRULARD, *à Cécile.*

Gilbert est plus heureux que moi, madame, et je désire qu'en cette circonstance il soit plus généreux que je ne l'eusse été peut-être. (*Aux soldats.*) Tout est éclairci. Nous avons été induits en erreur ; les biens de la succession Richemont, sur lesquels nous venions poser le séquestre, sont aujourd'hui la propriété du citoyen Gilbert, qui a épousé sa veuve, et la nation n'a plus de droits à exercer ici. (*Les soldats sortent.*) Au temps où nous vivons, chacun se tire d'affaire comme il l'entend ; c'est un *sauve qui peut* général. Le moyen que j'avais trouvé conciliait vos intérêts et les miens ; vous en avez pris un autre, je désire qu'il vous réussisse. Je vous quitte, et je laisse au citoyen municipal le soin de vous donner une explication qui excusera ma conduite aux yeux de madame, si elle ne la justifie pas.

GILBERT.

Pour moi, citoyen marquis, je n'ai plus qu'un conseil à vous donner : défiez-vous de la discrétion d'un sot et de l'amitié d'une méchante femme.

SCENE XX.

D'OLBREUSE, CECILE, GILBERT.

D'OLBREUSE.

Explique-nous donc, mon ami, par quelles paroles magiques tu es venu à bout d'apprivoiser ce terrible montagnard.

GILBERT.

Je vous assure que je ne lui ai pas dit plus haut que son nom ; il est vrai que ce nom seul vaut une histoire. Aussi, d'un mot, je puis vous la raconter : cet amoureux terroriste, ce fougueux démagogue, cet homme tigre, c'est.... le marquis de Pressades.

D'OLBREUSE.

L'élève du vieux prince de Richemont, le corrupteur de son fils?....

CÉCILE.

L'ami de celui dont j'ai porté le nom?

GILBERT.

Lui-même, en personne.

D'OLBREUSE.

Je ne m'étonne plus de l'effet que sa première vue a produit sur moi; et maintenant je me rappelle....

GILBERT.

Nos momens sont trop bien comptés pour en perdre un seul à vous apprendre comment une découverte m'a conduit à une autre, et par quelle reconnaissance d'un conseiller Bouchencour, sous le nom de Blanquette, je suis parvenu à découvrir notre marquis, sous le nom de Brulard.

D'OLBREUSE.

Non-seulement nous voilà tirés de ses mains, mais il est tombé dans les nôtres :

désormais, son intérêt le plus pressant nous répond de lui.

GILBERT.

Oui; mais qui nous répondra de sa confidente? Pensez-vous que la crainte de compromettre son ami, ou plutôt son complice, empêche la dame de Misarette de suivre contre vous ses projets de vengeance?

D'OLBREUSE.

Quelque diligence qu'elle puisse faire, Cécile est désormais à l'abri de ses coups, et je ne crains plus que pour toi, mon pauvre Gilbert : ce mariage, contracté par acte authentique, peut devenir la source des plus grands malheurs.

GILBERT.

Oui, s'il en restait quelques traces. Voici le feuillet où cet acte est consigné; j'ai pris la précaution de le faire disparaître du registre de l'état civil, et je vous en rends dépositaire. (*Il le lui remet.*)

D'OLBREUSE.

Ne crains-tu pas, mon brave et généreux ami, que ce nouveau témoignage du plus noble dévouement ne rende sa position plus effrayante, si notre secret venait à être trahi ?

GILBERT.

Incontestablement, et c'est pour cela que nous allons quitter Paris.

D'OLBREUSE.

Il le faut.... dès demain, s'il est possible.

GILBERT.

Dès aujourd'hui, à l'instant même...Voici mon passeport (*il le lui montre*) bien en règle, comme vous voyez. (*Il lit.*) Laissez librement passer le citoyen Gilbert, etc., avec sa femme, Louise-Cécile, âgée de seize ans, se rendant à Lausanne.

D'OLBREUSE.

En Suisse ?

GILBERT.

Oui, monsieur, en Suisse, dans ma famille. N'est-il pas tout simple que j'aille lui présenter ma femme? Mon passeport ne dit pas que, dans cette famille, madame y rencontrera quelqu'un de la sienne, le général Grangeval, par exemple, à qui j'expédie un billet de faire part. Vous le voyez, tout est prévu, et pour nous mettre en route, nous n'avons plus besoin que de votre consentement.

CÉCILE, *courant se jeter dans les bras de d'Olbreuse.*

Ah! mon ami!

D'OLBREUSE.

Mon enfant, s'il ne s'agissait, en ce moment, que de la perte de votre fortune, je ne balancerais pas à vous en commander le sacrifice; mais il y va pour vous de l'honneur et de la vie: cet intérêt fait taire dans mon cœur tout autre sentiment. Vous quittez votre patrie.... vous fuyez avec un homme à qui vous avez donné publiquement le titre d'époux, pour aller rejoindre votre amant sur la terre étrangère : chacune de ces actions, criminelle en tout autre temps, est pour vous aujourd'hui un devoir et presque une vertu. Partez, Cécile, partez, et délivrez le cœur de votre vieil ami des seules inquiétudes qu'il puisse désormais éprouver. (*Il la presse dans ses bras.*) Adieu!

CÉCILE.

Sans moi, qu'allez-vous devenir?

D'OLBREUSE.

J'espérerai. Partez, Cécile, votre ange gardien vous l'ordonne. (*Il lui montre le portrait de Diane.*)

CÉCILE, *se dégage des bras de d'Olbreuse et va se jeter à genoux devant cette image.*

Ma mère! ma mère! le ciel m'est témoin que c'est à ton ordre que j'obéis!

D'OLBREUSE, *la conduit à Gilbert.*

Gilbert, je la remets entre vos mains. (*Il l'embrasse.*) Songez que Dieu seul, maintenant, peut vous punir ou vous récompenser.

FIN DE LA TROISIÈME ÉPOQUE ET DU PREMIER VOLUME.

Sous Presse :

AINÉE ET CADETTE,

PAR AUGUSTE RICARD.

4 volumes in-12. — Prix : 15 fr.

Pour paraître très-prochainement :

UN ROMAN NOUVEAU DE

M. LE COMTE ALFRED DE VIGNY.

www.ingramcontent.com/pod-product-compliance
Lightning Source LLC
Chambersburg PA
CBHW071601170426
43196CB00033B/1516